Impressum
Verlag: BABADADA GmbH, Nedderfeld 112 , 22529 Hamburg
Geschäftsführer / Verlagsleitung: Harald Hof
Druck: Books on Demand GmbH, In de Tarpen 42, 22848 Norderstedt

Imprint
Publisher: BABADADA GmbH, Nedderfeld 112 , 22529 Hamburg, Germany
Managing Director / Publishing direction: Harald Hof
Print: Books on Demand GmbH, In de Tarpen 42, 22848 Norderstedt

σχολείο

école

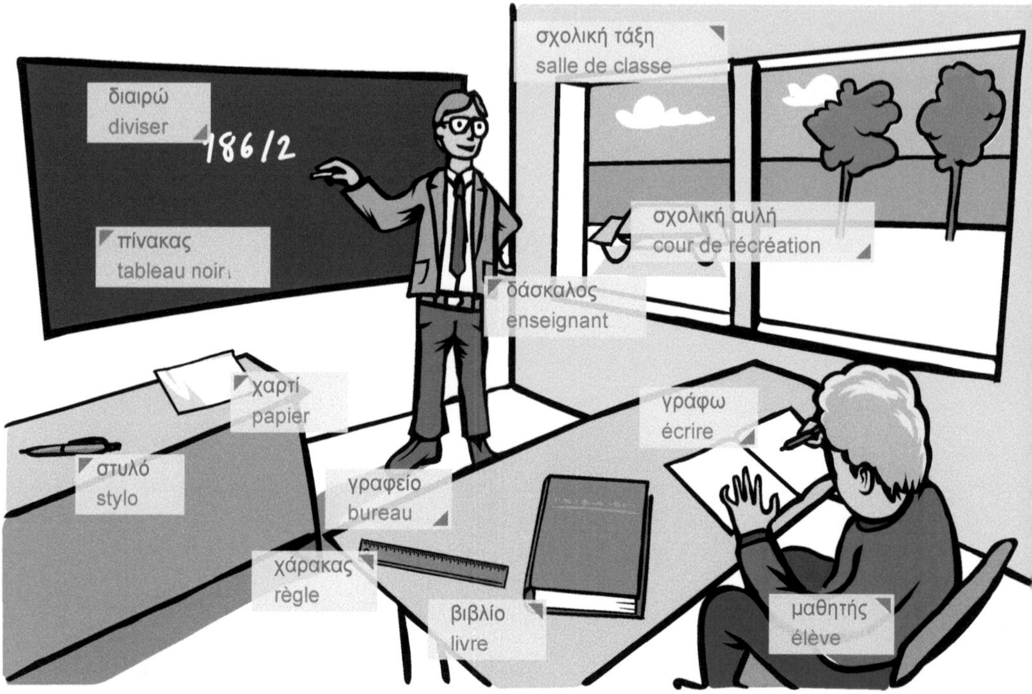

σχολική τάξη
salle de classe
διαιρώ
diviser
186/2
πίνακας
tableau noir
σχολική αυλή
cour de récréation
δάσκαλος
enseignant
χαρτί
papier
γράφω
écrire
στυλό
stylo
γραφείο
bureau
χάρακας
règle
βιβλίο
livre
μαθητής
élève

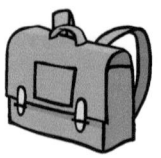

σχολική τσάντα

sac d'école

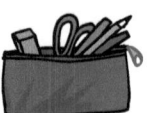

κασετίνα/ μολυβοθήκη

trousse

μολύβι

crayon

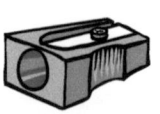

ξύστρα

taille-crayon

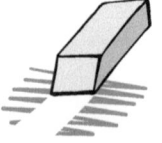

γόμα

gomme

μπλοκ ζωγραφικής

carnet à dessin

ζωγραφική

dessin

πινέλο

pinceau

κουτί χρωμάτων

boîte de peinture

ψαλίδι

ciseaux

κόλλα

colle

τετράδιο ασκήσεων

cahier d'exercices

εργασία για το σπίτι

tâches

αριθμός

chiffre

προσθέτω

additionner

αφαιρώ

soustraire

πολλαπλασιάζω

multiplier

υπολογίζω

calculer

γράμμα

lettre

αλφάβητο

alphabet

λέξη

mot

κείμενο
texte

διαβάζω
lire

κιμωλία
craie

μάθημα
leçon

εγγράφομαι
livre de classe

τεστ
examen

πιστοποιητικό
certificat

μαθητική στολή
uniforme scolaire

εκπαίδευση
formation

εγκυκλοπαίδεια
lexique

πανεπιστήμιο
université

μικροσκόπιο
microscope

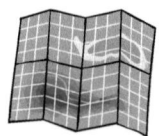

χάρτης
carte

καλάθι αχρήστων
corbeille à papier

σχολείο - école

ταξίδι
voyage

ξενοδοχείο
hôtel
Grand
ξενώνας
auberge
ROOMS
ανταλλακτήρια συναλλάγματος
bureau de change
€CHANGE
βαλίτσα
valise
αυτοκίνητο
voiture

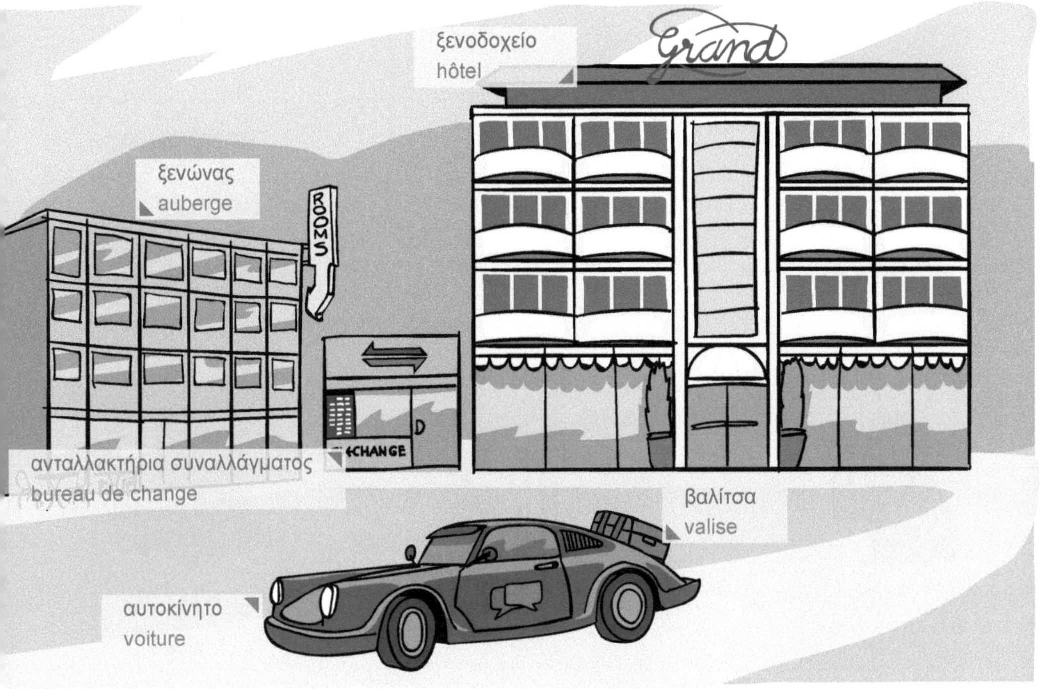

γλώσσα
langue

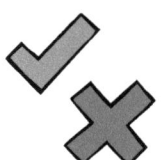

ναι / όχι
oui / non

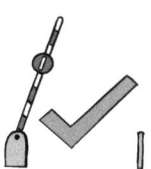

εντάξει
d'accord

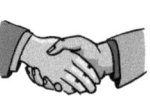

γεια σου
Salut

μεταφραστής
interprète

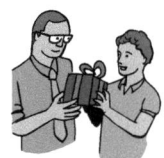

Ευχαριστώ
merci

πόσο κάνει ;

Combien coûte...?

Δε καταλαβαίνω

Je ne comprends pas

πρόβλημα

problème

Καλησπέρα!

Bonsoir!

Καλημέρα!

Bonjour!

Καληνύχτα!

Bonne nuit!

Αντίο

Au revoir

κατεύθυνση

direction

αποσκευές

bagages

τσάντα

sac

σακίδιο πλάτης

sac-à-dos

καλεσμένος

hôte

δωμάτιο

pièce

υπνόσακος

sac de couchage

σκηνή

tente

τουριστικές πληροφορίες

office de tourisme

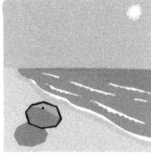

παραλία

plage

πιστωτική κάρτα

carte de crédit

πρωινό

petit-déjeuner

μεσημεριανό

déjeuner

δείπνο

dîner

εισιτήριο

billet

ανελκυστήρας

ascenseur

γραμματόσημο

timbre

σύνορα

frontière

τελωνείο

douane

πρεσβεία

ambassade

βίζα

visa

διαβατήριο

passeport

ταξίδι - voyage

μεταφορά
transport

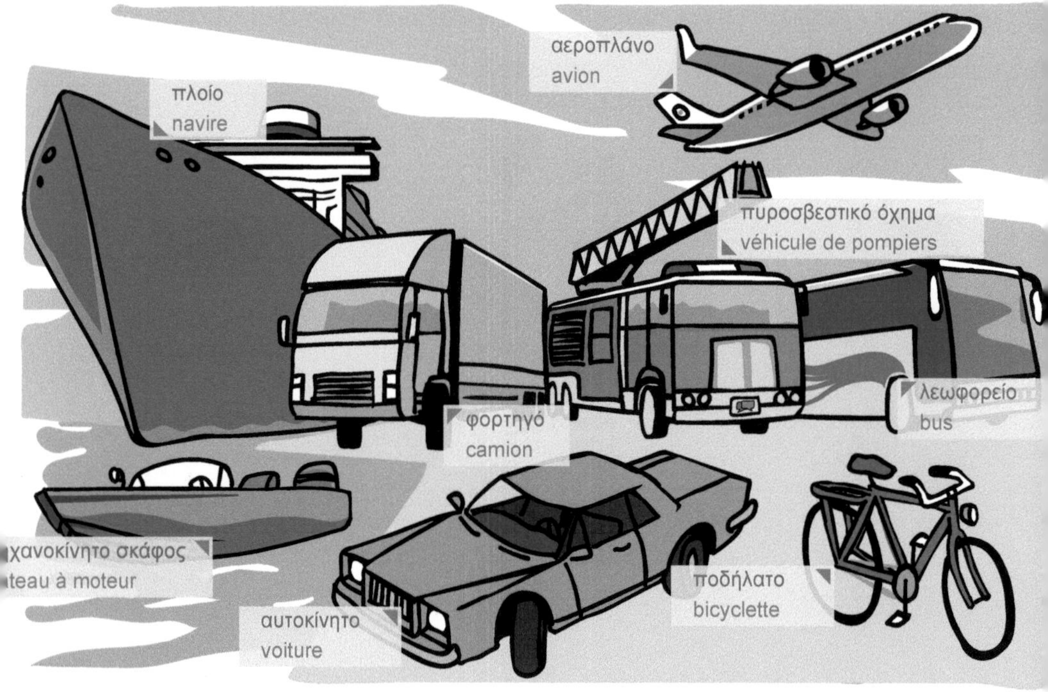

αεροπλάνο
avion
πλοίο
navire
πυροσβεστικό όχημα
véhicule de pompiers
λεωφορείο
bus
φορτηγό
camion
χανοκίνητο σκάφος
teau à moteur
ποδήλατο
bicyclette
αυτοκίνητο
voiture

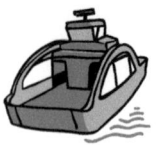

φεριμπότ

ferry

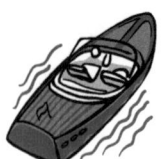

βάρκα

barque

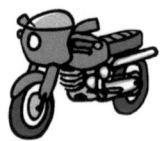

μοτοσικλέτα

moto

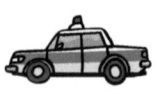

περιπολικό

voiture de police

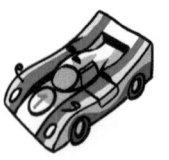

αγωνιστικό αυτοκίνητο

voiture de course

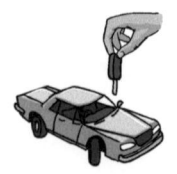

ενοικιαζόμενο αυτοκίνητο

voiture de location

διαμοιρασμός αυτοκινήτων

autopartage

γερανός

dépanneuse

απορριμματοφόρο

benne à ordures

κινητήρας

moteur

καύσιμο

essence

βενζινάδικο

station d'essence

πινακίδα σήμανσης

panneau indicateur

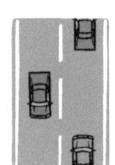

κυκλοφορία

trafic

κυκλοφοριακή συμφόρηση

embouteillage

χώρος στάθμευσης

parking

σιδηροδρομικός σταθμός

gare

σιδηροδρομικές γραμμές

rails

τρένο

train

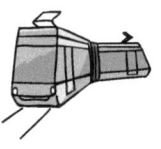

τραμ

tram

βαγόνι

wagon

ελικόπτερο

hélicoptère

αεροδρόμιο

aéroport

πύργος

tour

επιβάτης

passager

εμπορευματοκιβώτιο

container

χαρτοκιβώτιο

carton

καρότσι

chariot

καλάθι

corbeille

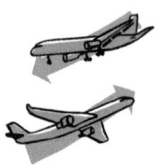

απογειώνομαι /
προσγειόνομαι

décoller / atterrir

πόλη
ville

χωριό

village

κέντρο της πόλης

centre-ville

σπίτι

maison

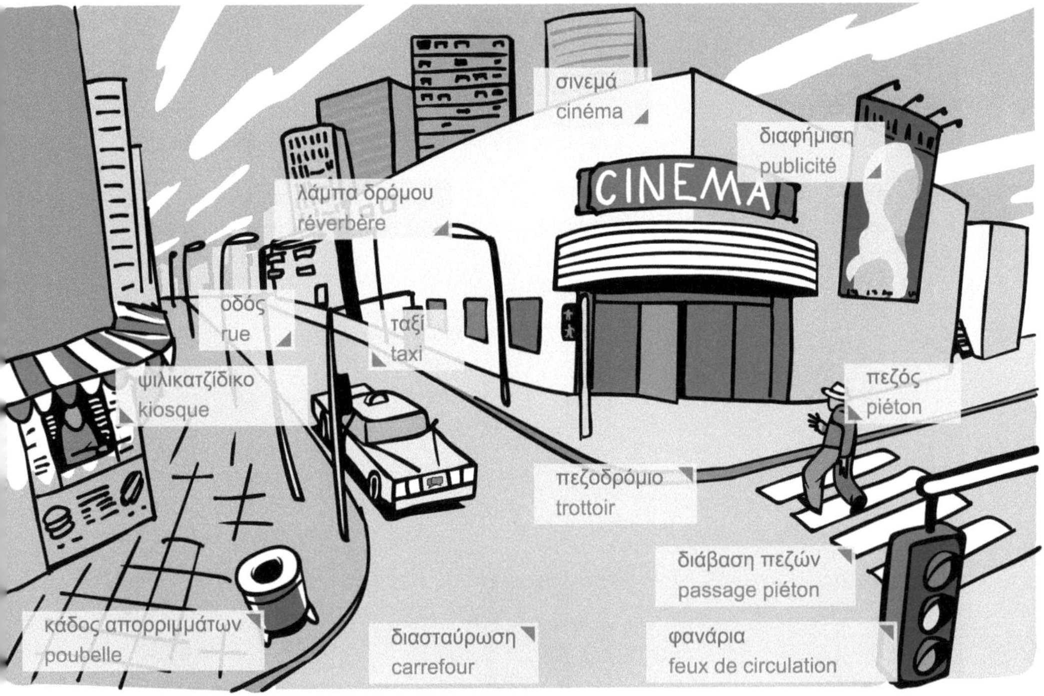

σινεμά
cinéma
διαφήμιση
publicité
CINEMA
λάμπα δρόμου
réverbère
οδός
rue
ταξί
taxi
ψιλικατζίδικο
kiosque
πεζός
piéton
πεζοδρόμιο
trottoir
διάβαση πεζών
passage piéton
κάδος απορριμμάτων
poubelle
διασταύρωση
carrefour
φανάρια
feux de circulation

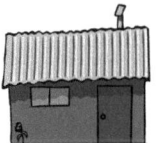

καλύβα

cabane

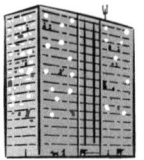

διαμέρισμα

appartement

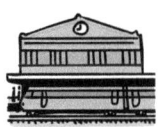

σιδηροδρομικός σταθμός

gare

δημαρχείο

mairie

MUSEUM

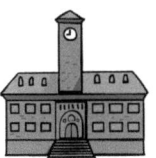

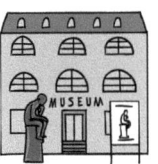

μουσείο

musée

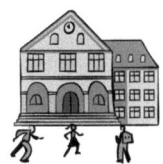

σχολείο

école

πανεπιστήμιο

université

τράπεζα

banque

νοσοκομείο

hôpital

ξενοδοχείο

hôtel

φαρμακείο

pharmacie

γραφείο

bureau

βιβλιοπωλείο

librairie

κατάστημα

magasin

ανθοπωλείο

fleuriste

σούπερ μάρκετ

supermarché

αγορά

marché

πολυκατάστημα

grand magasin

ιχθυοπωλείο

poissonnerie

εμπορικό κέντρο

centre commercial

λιμάνι

port

πόλη - ville

πάρκο

parc

παγκάκι

banque

γέφυρα

pont

σκάλες

escaliers

μετρό

métro

τούνελ

tunnel

στάση λεωφορείου

arrêt de bus

μπαρ

bar

εστιατόριο

restaurant

γραμματοκιβώτιο

boîte à lettres

πινακίδα δρόμου

panneau indicateur

παρκόμετρο

parcomètre

ζωολογικός κήπος

zoo

πισίνα

réverbère

τζαμί

mosquée

πόλη - ville

αγρόκτημα
ferme

ρύπανση
pollution

νεκροταφείο
cimetière

εκκλησία
église

παιδική χαρά
aire de jeux

ναός
temple

τοπίο
paysage

φύλλο
feuille

πινακίδα κατεύθυνσης
panneau indicateur

δρόμος
chemin

λιβάδι
pré

πέτρα
pierre

πεζοπόρος
randonneur

δέντρο
arbre

ποτάμι
rivière

χορτάρι
herbe

λουλούδι
fleur

κοιλάδα

vallée

λόφος

montagne

λίμνη

lac

δάσος

forêt

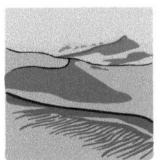

έρημος

désert

ηφαίστειο

volcan

κάστρο

château

ουράνιο τόξο

arc-en-ciel

μανιτάρι

champignon

φοίνικας

palmier

κουνούπι

moustique

μύγα

mouche

μυρμήγκι

fourmis

μέλισσα

abeille

αράχνη

araignée

σκαθάρι

scarabée

βάτραχος

grenouille

σκίουρος

écureuil

σκαντζόχοιρος

hérisson

λαγός

lapin

κουκουβάγια

chouette

πουλί

oiseau

κύκνος

cygne

αγριογούρουνο

sanglier

ελάφι

cerf

άλκη

élan

φράγμα

barrage

ανεμογεννήτρια

éolienne

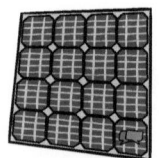

ηλιακός συλλέκτης

panneau solaire

κλίμα

climat

εστιατόριο
restaurant

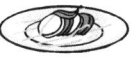

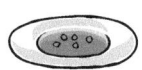

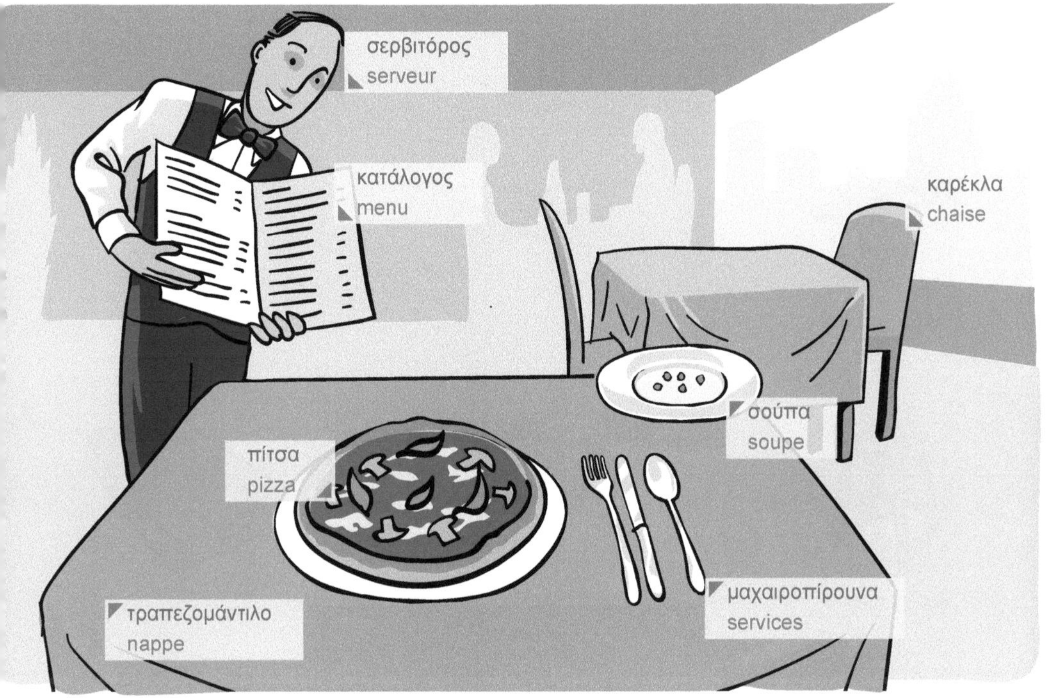
σερβιτόρος
serveur
κατάλογος
menu
καρέκλα
chaise
σούπα
soupe
πίτσα
pizza
μαχαιροπίρουνα
services
τραπεζομάντιλο
nappe

ορεκτικό
....
hors d'œuvre

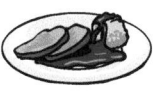

κύριο πιάτο
....
plat principal

επιδόρπιο
....
dessert

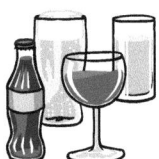

ποτά
....
boissons

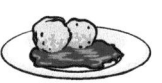

φαγητό
....
alimentation

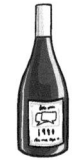

μπουκάλι
....
bouteille

φαστ φουντ

fast-food

φαγητό στ' όρθιο

plats à emporter

τσαγιέρα

théière

δοχείο ζάχαρης

sucrier

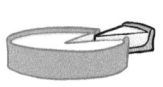

μερίδα

portion

μηχανή εσπρέσο

machine à expresso

ψηλή καρέκλα

chaise haute

λογαριασμός

facture

δίσκος

plateau

μαχαίρι

couteau

πιρούνι

fourchette

κουτάλι

cuillère

κουταλάκι του τσαγιού

cuillère à thé

πετσέτα φαγητού

serviette

ποτήρι

verre

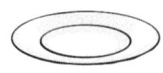

πιάτο

assiette

πιάτο σούπας

assiette à soupe

πιατάκι φλιτζανιού

soucoupe

σάλτσα

sauce

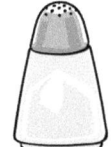

αλατιέρα

salière

μύλος για πιπέρι

moulin à poivre

ξύδι

vinaigre

λάδι

huile

μπαχαρικά

épices

κέτσαπ

ketchup

μουστάρδα

moutarde

μαγιονέζα

mayonnaise

σούπερ μάρκετ
supermarché

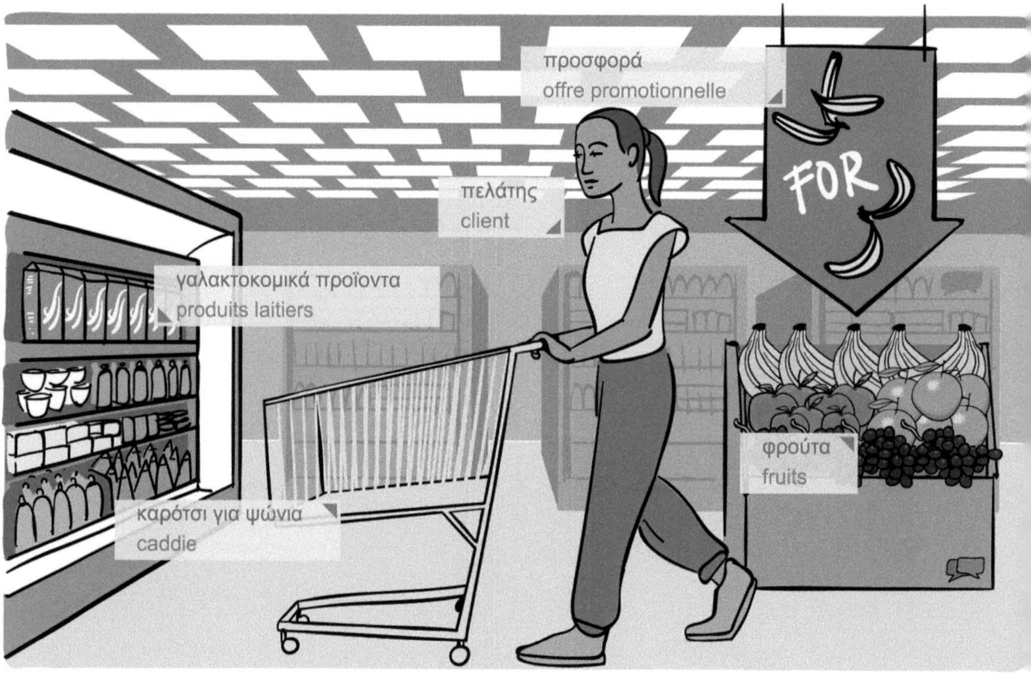

προσφορά
offre promotionnelle
FOR
πελάτης
client
γαλακτοκομικά προϊόντα
produits laitiers
φρούτα
fruits
καρότσι για ψώνια
caddie

BUTCHERS

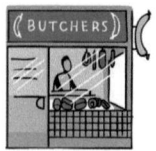

κρεοπωλείο

boucherie

BAKERY

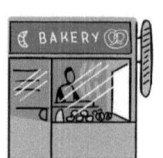

φούρνος

boulangerie

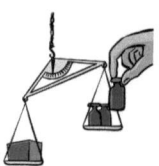

ζυγίζω

peser

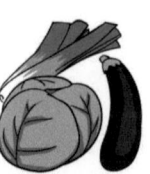

λαχανικά

légumes

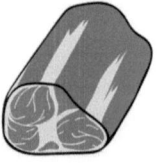

κρέας

viande

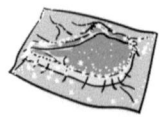

κατεψυγμένα τρόφιμα

aliments surgelés

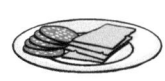

αλλαντικά

charcuterie

κονσερβοποιημένη τροφή

conserves

απορρυπαντικό ρούχων

poudre à lessive

γλυκά

bonbons

οικιακά είδη

articcménagers

καθαριστικά προϊόντα

détergents

πωλήτρια

vendeuse

ταμείο

caisse

ταμίας

caissier

λίστα για ψώνια

liste d'achats

ωράριο λειτουργίας

heures d'ouverture

πορτοφόλι

portefeuille

πιστωτική κάρτα

carte de crédit

τσάντα

sac

πλαστική σακούλα

sac en plastique

νερό

eau

χυμός

jus de fruit

γάλα

lait

κόκα κόλα

coca

κρασί

vin

μπίρα

bière

αλκοόλ

alcool

κακάο

chocolat chaud

τσάι

thé

καφές

café

εσπρέσο

expresso

καπουτσίνο

cappuccino

μπανάνα

banane

μήλο

pomme

πορτοκάλι

orange

πεπόνι

melon

λεμόνι

citron

καρότο

carotte

σκόρδο

ail

μπαμπού

bambou

κρεμμύδι

oignon

μανιτάρι

champignon

ξηροί καρποί

noisettes

νουντλς

pâtes

μακαρόνια

spaghettis

ρύζι

riz

σαλάτα

salade

πατατάκια

frites

τηγανητές πατάτες

pommes de terre rôties

πίτσα

pizza

χάμπουργκερ

hamburger

σάντουιτς

sandwich

κοτολέτα

escalope

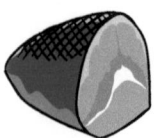

ζαμπόν

jambon

σαλάμι

salami

λουκάνικο

saucisse

κοτόπουλο

poulet

ψητό

rôti

ψάρι

poisson

χυλός βρώμης

flocons d'avoine

μούσλι

muesli

κορν φλέικς

cornflakes

αλεύρι

farine

κρουασάν

croissant

ψωμάκι

petits-pains

ψωμί

pain

τοστ

pain grillé

μπισκότα

biscuits

βούτυρο

beurre

τυρόπηγμα

fromage blanc

κέικ

gâteau

αυγό

œuf

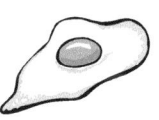

τηγανητό αυγό

œuf au plat

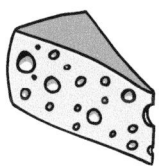

τυρί

fromage

παγωτό

glace

ζάχαρη

sucre

μέλι

miel

μαρμελάδα

confiture

άλλειμμα σοκολάτας

crème nougat

κάρυ

curry

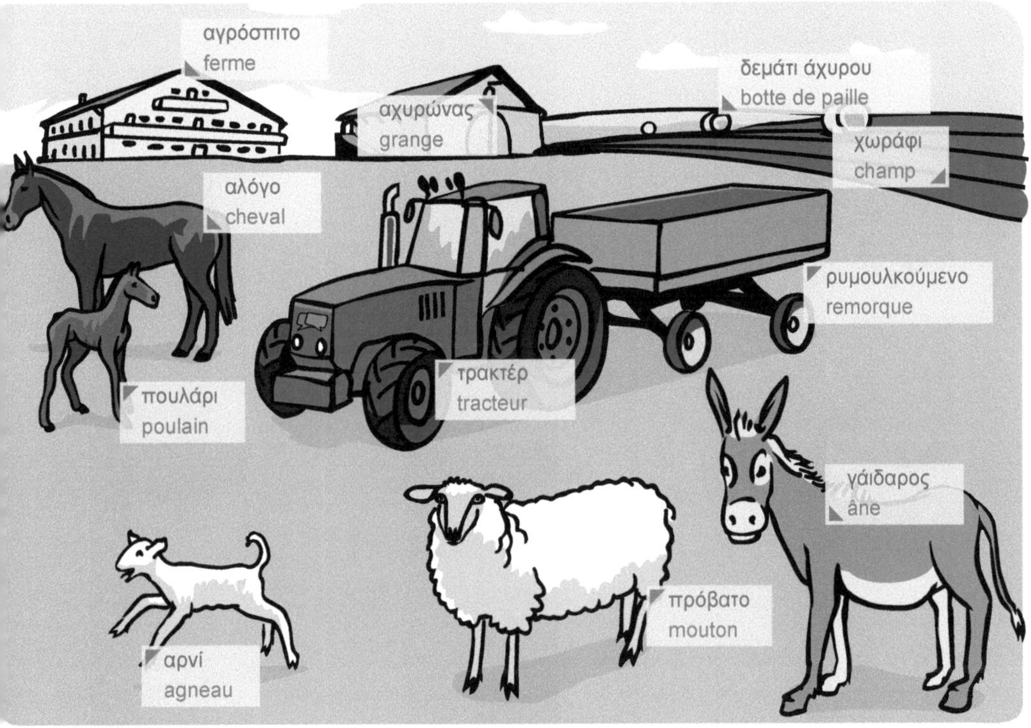

αγρόσπιτο
ferme

δεμάτι άχυρου
botte de paille

αχυρώνας
grange

χωράφι
champ

αλόγο
cheval

ρυμουλκούμενο
remorque

πουλάρι
poulain

τρακτέρ
tracteur

γάιδαρος
âne

αρνί
agneau

πρόβατο
mouton

κατσίκα

chèvre

αγελάδα

vache

μοσχαράκι

veau

γουρούνι

porc

γουρουνάκι

porcelet

ταύρος

taureau

χήνα

oie

πάπια

canard

κοτοπουλάκι

poussin

κότα

poule

κόκορας

coq

αρουραίος

rat

γάτα

chat

ποντίκι

souris

βόδι

bœuf

σκύλος

chien

σπιτάκι σκύλου

chenil

λάστιχο κήπου

tuyau de jardin

ποτιστήρι

arrosoir

θεριστήρι

faucheuse

αλέτρι

charrue

αγρόκτημα - ferme

δρεπάνι

faucille

τσάπα

pioche

δίκρανο

fourche

τσεκούρι

hache

χειράμαξα

brouette

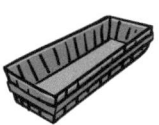

ταΐστρα

cuve

δοχείο γάλακτος

pot à lait

σάκος

sac

φράχτης

clôture

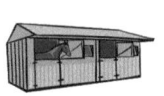

στάβλος

étable

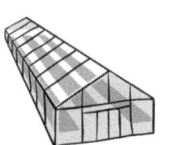

θερμοκήπιο

serre

έδαφος

sol

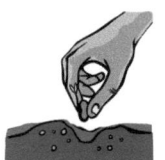

σπόρος

semences

λίπασμα

engrais

θεριζοαλωνιστική μηχανή

moissonneuse-batteuse

θερίζω

récolter

συγκομιδή

récolte

γιαμς

igname

σιτάρι

blé

σόγια

soja

πατάτα

pomme de terre

καλαμπόκι

maïs

κράμβη

colza

οπωροφόρο δέντρο

arbre fruitier

μανιόκα

manioc

δημητριακά

céréales

σπίτι
maison

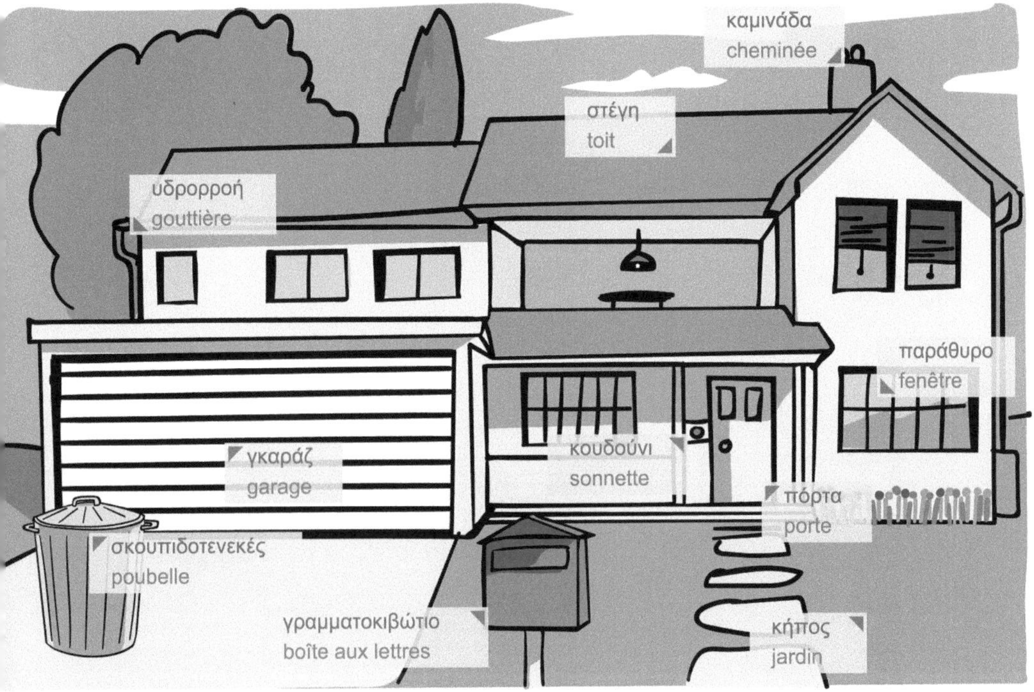
καμινάδα
cheminée
στέγη
toit
υδρορροή
gouttière
παράθυρο
fenêtre
γκαράζ
garage
κουδούνι
sonnette
πόρτα
porte
σκουπιδοτενεκές
poubelle
γραμματοκιβώτιο
boîte aux lettres
κήπος
jardin

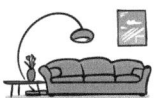

σαλόνι

salon

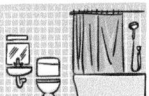

μπάνιο

chambre de bain

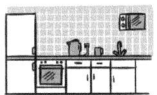

κουζίνα

cuisine

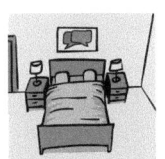

υπνοδωμάτιο

chambre à coucher

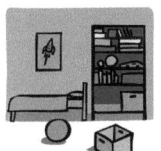

παιδικό δωμάτιο

chambre d'enfant

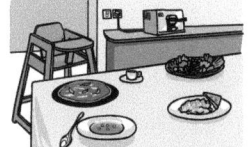

τραπεζαρία

salle à manger

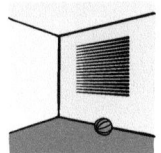

πάτωμα

sol

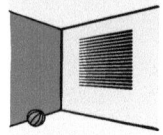

τοίχος

mur

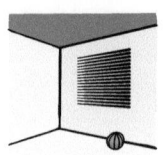

οροφή

plafond

κελάρι

cave

σάουνα

sauna

μπαλκόνι

balcon

βεράντα

terrasse

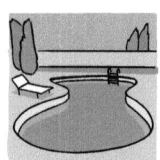

πισίνα

piscine

μηχανή του γκαζόν

tondeuse à gazon

σεντόνι

fourre de duvet

κάλυμμα κρεβατιού

couette

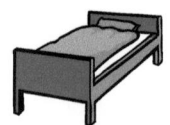

κρεβάτι

lit

σκούπα

balai

κουβάς

sceau

διακόπτης

interrupteur

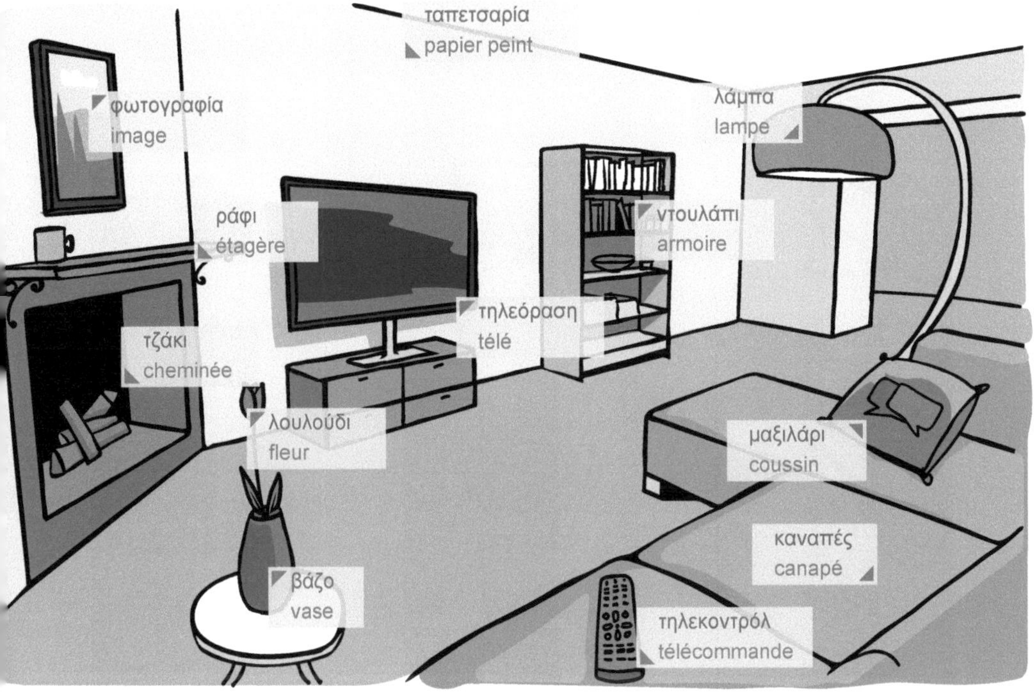

ταπετσαρία
papier peint

φωτογραφία
image

λάμπα
lampe

ράφι
étagère

ντουλάπι
armoire

τζάκι
cheminée

τηλεόραση
télé

λουλούδι
fleur

μαξιλάρι
coussin

καναπές
canapé

βάζο
vase

τηλεκοντρόλ
télécommande

χαλί
tapis

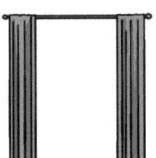

κουρτίνα
rideau

τραπέζι
table

καρέκλα
chaise

κουνιστή πολυθρόνα
chaise à bascule

πολυθρόνα
fauteuil

βιβλίο

livre

κουβέρτα

couverture

διακόσμηση

décoration

καυσόξυλα

bois de chauffage

ταινία

film

στερεοφωνικό σύστημα

chaîne hi-fi

κλειδί

clé

εφημερίδα

journal

πίνακας ζωγραφικής

peinture

αφίσα

poster

ραδιόφωνο

radio

σημειωματάριο

bloc-notes

ηλεκτρική σκούπα

aspirateur

κάκτος

cactus

κερί

bougie

κουζίνα
cuisine

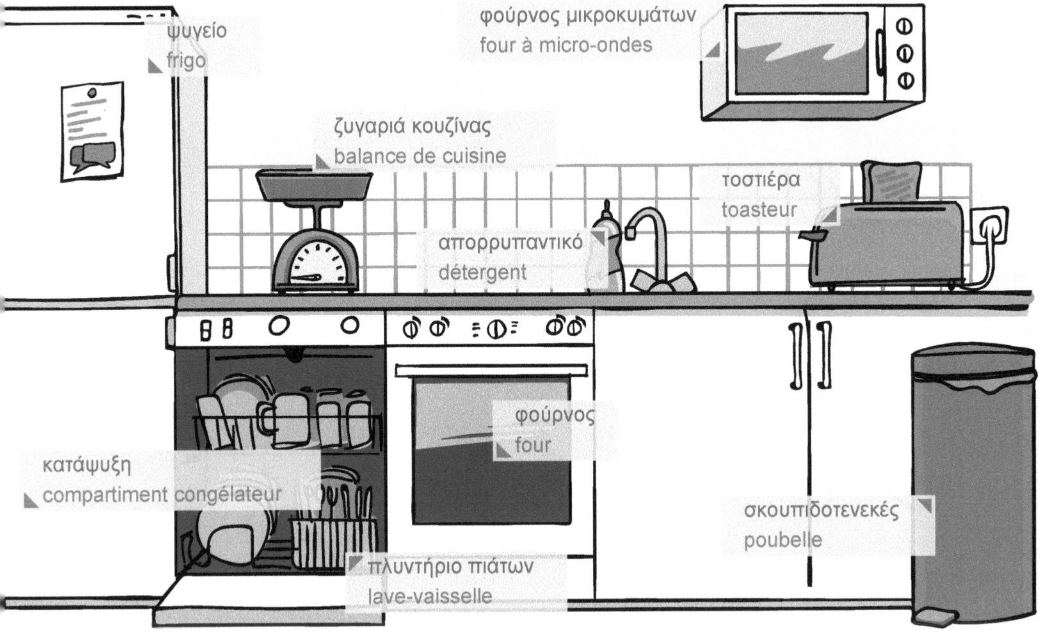

ψυγείο
frigo
φούρνος μικροκυμάτων
four à micro-ondes
ζυγαριά κουζίνας
balance de cuisine
τοστιέρα
toasteur
απορρυπαντικό
détergent
φούρνος
four
κατάψυξη
compartiment congélateur
σκουπιδοτενεκές
poubelle
πλυντήριο πιάτων
lave-vaisselle

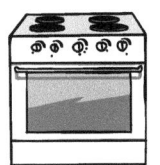

κουζίνα
four

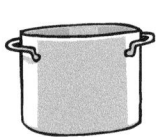

κατσαρόλα
casserole

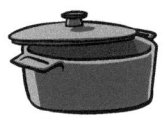

μαντεμένια κατσαρόλα
marmite

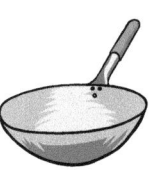

γουόκ/καντάι
wok/kadai

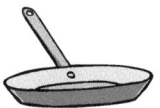

τηγάνι
poêle

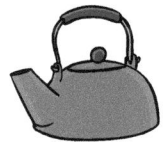

βραστήρας
bouilloire électrique

ατμομάγειρας

cuiseur vapeur

ταψί

plaque de cuisson

πιατικά

vaisselle

κούπα

gobelet

μπολ

bol

ξυλάκια

baguettes

κουτάλα

louche

σπάτουλα

spatule

ανακατεύω

fouet

σουρωτήρι

passoire

σουρωτηράκι

tamis

τρίφτης

râpe

γουδί

mortier

ψησταριά

barbecue

ανοιχτή φωτιά

cheminée

σανίδα κοπής

planche à découper

πλάστης

rouleau à pâtisserie

ανοιχτήρι φελλών

tire-bouchon

κονσέρβα

boîte

ανοιχτήρι κονσέρβας

ouvre-boîte

γάντι φούρνου

maniques

νεροχύτης

lavabo

βούρτσα

brosse

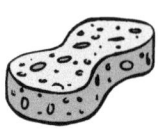

σφουγγάρι

éponge

μπλέντερ

mixeur

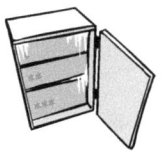

καταψύκτης

congélateur

μπιμπερό

biberon

βρύση

robinet

κουζίνα - cuisine

μπάνιο

chambre de bain

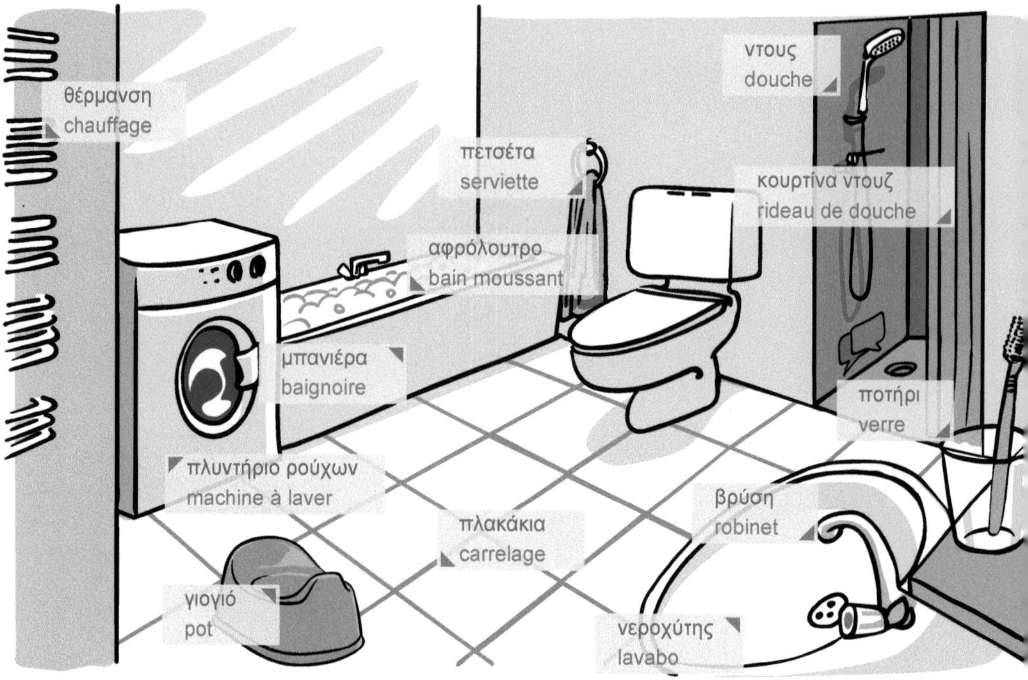
θέρμανση
chauffage
πετσέτα
serviette
ντους
douche
κουρτίνα ντουζ
rideau de douche
αφρόλουτρο
bain moussant
μπανιέρα
baignoire
ποτήρι
verre
πλυντήριο ρούχων
machine à laver
βρύση
robinet
πλακάκια
carrelage
γιογιό
pot
νεροχύτης
lavabo

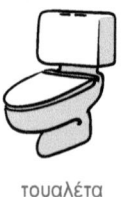

τουαλέτα

toilettes

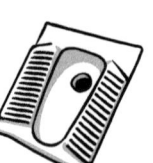

τούρκικη τουαλέτα

toilette à turque

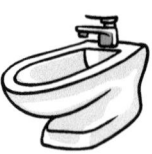

μπιντές

bidet

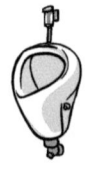

ουρητήριο

urinoir

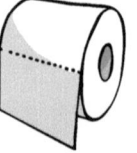

χαρτί υγείας

papier toilette

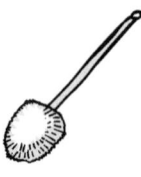

πιγκάλ

brosse à toilette

οδοντόβουρτσα

brosse à dents

οδοντόκρεμα

dentifrice

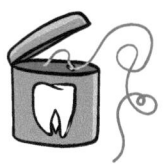

οδοντικό νήμα

fil dentaire

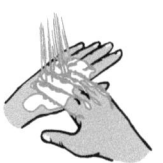

πλένω

laver

τηλέφωνο ντους

douche manuelle

ντουσιέρα

douche intime

λεκάνη

vasque

βούρτσα πλάτης

brosse dorsale

σαπούνι

savon

αφρόλουτρο

gel douche

σαμπουάν

shampooing

φανέλα

gant de toilette

σιφόνι

écoulement

κρέμα

crème

αποσμητικό

déodorant

μπάνιο - chambre de bain

καθρέφτης

miroir

καθρέφτης χειρός

miroir cosmétique

ξυραφάκι

rasoir

αφρός ξυρίσματος

mousse à raser

αφτερσέιβ

après-rasage

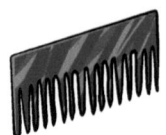

χτένα

peigne

βούρτσα

brosse

σεσουάρ

sèche-cheveux

λακ

laque pour cheveux

μακιγιάζ

fond de teint

κραγιόν

rouge à lèvres

βερνίκι νυχιών

vernis à ongles

βαμβάκι

ouate

ψαλίδι νυχιών

coupe-ongles

άρωμα

parfum

νεσεσέρ

trousse de toilette

σκαμπό

tabouret

ζυγαριά

balance

μπουρνούζι

peignoir

ελαστικά γάντια

gants de nettoyage

ταμπόν

tampon

πετσέτα υγιεινής

serviettes hygiéniques

χημική τουαλέτα

toilette chimique

παιδικό δωμάτιο
chambre d'enfant

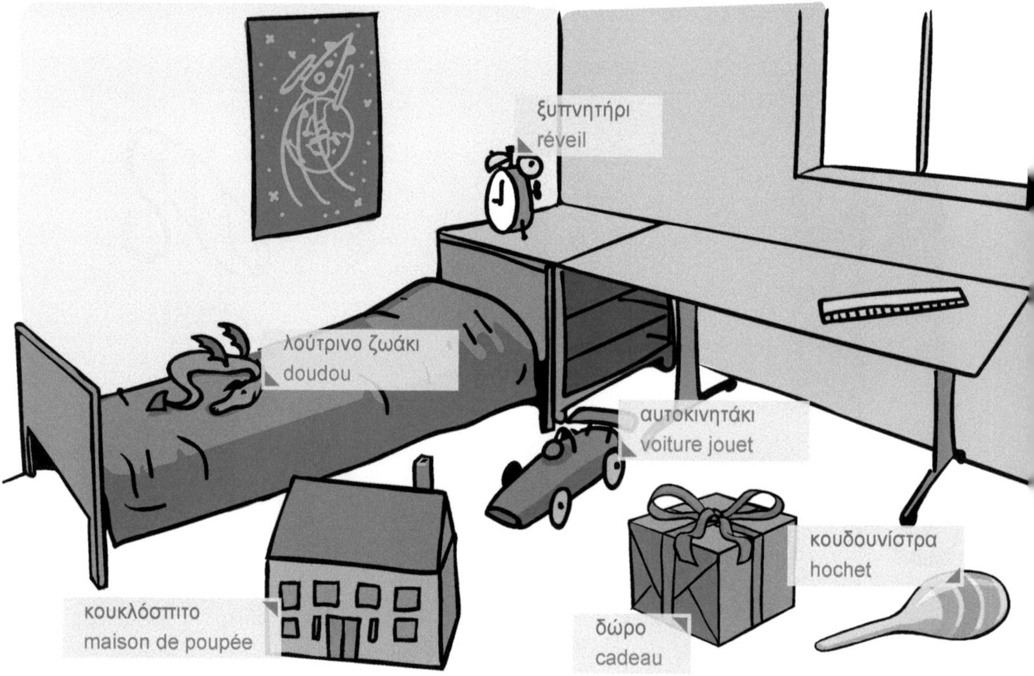

ξυπνητήρι
réveil
λούτρινο ζωάκι
doudou
αυτοκινητάκι
voiture jouet
κουδουνίστρα
hochet
κουκλόσπιτο
maison de poupée
δώρο
cadeau

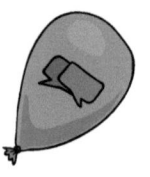

μπαλόνι

ballon

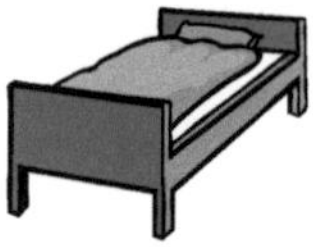

κρεβάτι

lit

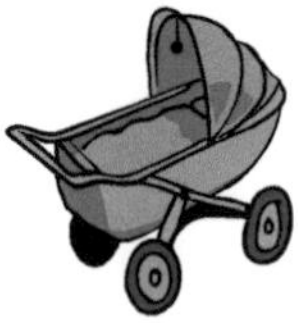

καροτσάκι

poussette

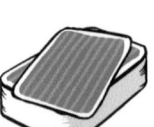

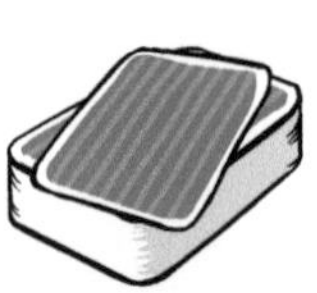

τράπουλα

jeu de cartes

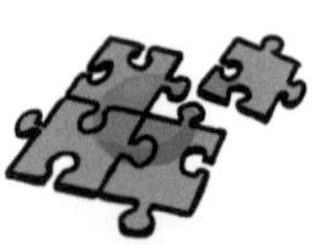

παζλ

puzzle

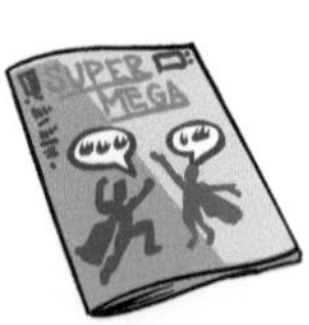

SUPER
MEGA

κόμικς

bande dessinée

τουβλάκια lego

pièces lego

τουβλάκια κατασκευών

blocs de construction

φιγούρα δράσης

figurine

βρεφικό φορμάκι

grenouillère

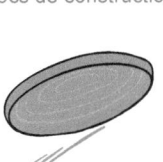

φρίσμπι

frisbee

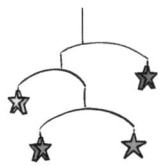

μόμπιλο

mobile

επιτραπέζιο παιχνίδι

jeu de société

ζάρια

dé

σετ τρενάκι

train miniature

πιπίλα

sucette

πάρτι

fête

εικονογραφημένο βιβλίο

livre d'images

μπάλα

balle

κούκλα

poupée

παίζω

jouer

παιδικό δωμάτιο - chambre d'enfant

σκάμμα με άμμο

bac à sable

κούνια

balançoire

παιχνίδια

jouets

κονσόλα βιντεοπαιχνιδιών

console de jeu

τρίκυκλο

tricycle

αρκουδάκι

ours en peluche

ντουλάπα

armoire

ρούχα
vêtements

κάλτσες

chaussettes

καλτσοδέτες

bas

καλσόν

collant

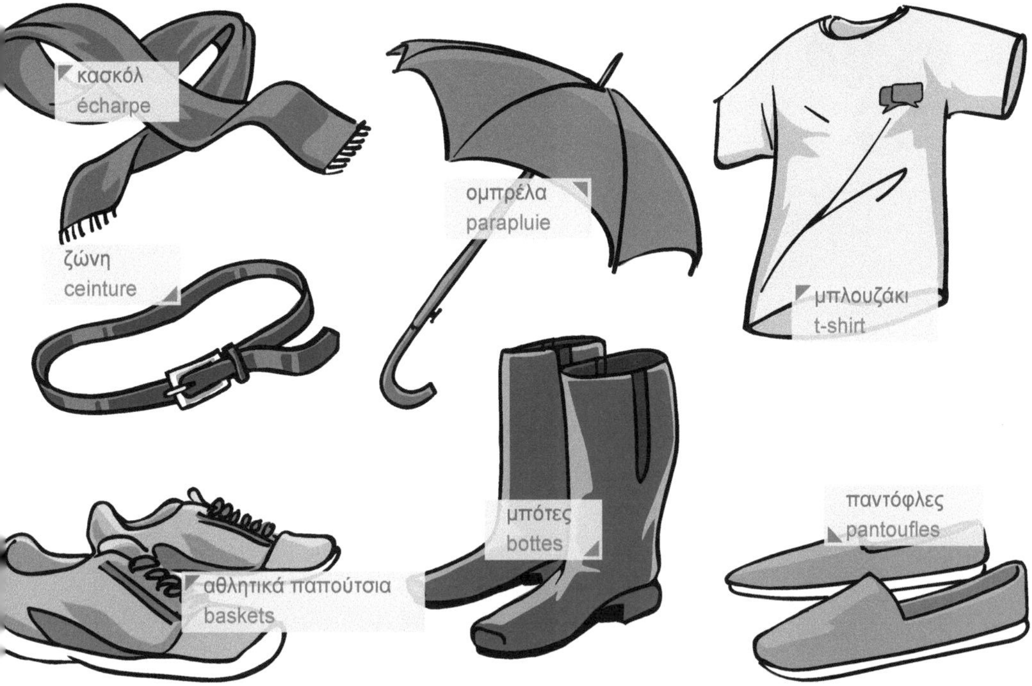

κασκόλ
écharpe

ομπρέλα
parapluie

μπλουζάκι
t-shirt

ζώνη
ceinture

μπότες
bottes

παντόφλες
pantoufles

αθλητικά παπούτσια
baskets

σανδάλια
....
sandales

παπούτσια
....
chaussures

γαλότσες
....
bottes de caoutchouc

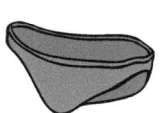

εσώρουχο
....
linge de corps

σουτιέν
....
soutien-gorge

φανέλα
....
maillot de corps

σώμα

body

παντελόνι

pantalon

τζιν παντελόνι

jean

φούστα

jupe

μπλούζα

chemisier

πουκάμισο

chemise

πουλόβερ

pull

πουλόβερ

pull-over à capuche

σακάκι

veste

μπουφάν

veste

παλτό

manteau

αδιάβροχο πανωφόρι

imperméable

κοστούμι

costume

φόρεμα

robe

νυφικό

robe de mariée

κοστούμι

costume

νυχτικό

chemise de nuit

πιτζάμες

pyjama

σάρι

sari

μαντήλι

foulard

τουρμπάνι

turban

μπούρκα

burqa

καφτάνι

caftan

μουσουλμανικό ένδυμα

abaya

ολόσωμο μαγιό

maillot de bain

ανδρικό μαγιό

costume de bain

σορτς

cuissettes

αθλητική φόρμα

tenue d'entraînement

ποδιά

tablier

γάντια

gants

ρούχα - vêtements

κουμπί

bouton

γυαλιά

lunettes

βραχιόλι

bracelet

περιδέραιο

collier

δαχτυλίδι

bague

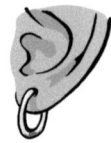

σκουλαρίκι

boucle d'oreille

καπέλο

bonnet

κρεμάστρα

cintre

καπέλο

chapeau

γραβάτα

cravate

φερμουάρ

fermeture éclair

κράνος

casque

τιράντες

bretelles

μαθητική στολή

uniforme scolaire

στολή

uniforme

σαλιάρα

bavoir

πιπίλα

sucette

πάνα

couche

γραφείο
bureau

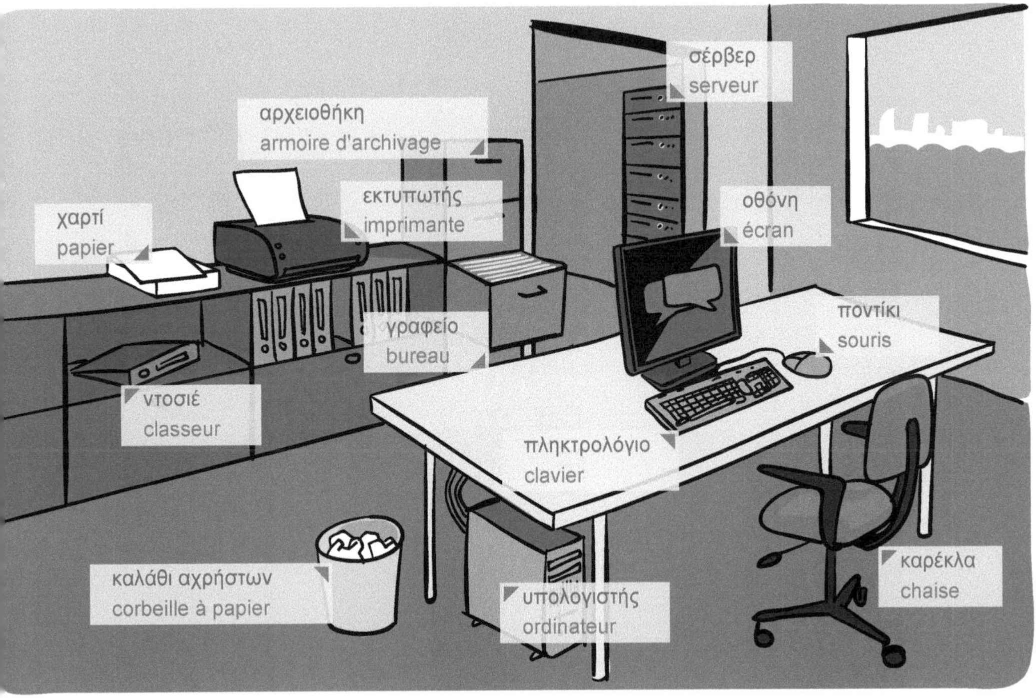

σέρβερ
serveur

αρχειοθήκη
armoire d'archivage

εκτυπωτής
imprimante

οθόνη
écran

χαρτί
papier

γραφείο
bureau

ποντίκι
souris

ντοσιέ
classeur

πληκτρολόγιο
clavier

καλάθι αχρήστων
corbeille à papier

υπολογιστής
ordinateur

καρέκλα
chaise

κούπα του καφέ

tasse à café

κομπιουτεράκι

calculatrice

ίντερνετ

internet

λάπτοπ

ordinateur portable

γράμμα

lettre

μήνυμα

message

κινητό

portable

δίκτυο

réseau

φωτοτυπικό μηχάνημα

photocopieuse

λογισμικό

logiciel

τηλέφωνο

téléphone

πρίζα

prise

συσκευή φαξ

fax

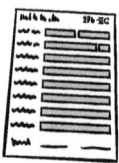

έντυπο

formulaire

έγγραφο

document

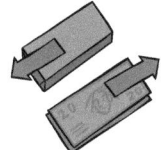

αγοράζω

acheter

πληρώνω

payer

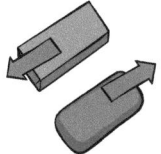

συναλλάσσομαι

marchander

χρήματα

monnaie

δολάριο

dollar

ευρώ

euro

γιεν

yen

ρούβλι

rouble

ελβετικό φράγκο

franc suisse

ρενμίνμπι γιουάν

renminbi yuan

ρουπία

roupie

ATM (αυτόματη ταμειακή μηχανή)

distributeur automatique

ανταλλακτήρια
συναλλάγματος

bureau de change

χρυσός

or

ασήμι

argent

πετρέλαιο

pétrole

ενέργεια

énergie

τιμή

prix

συμβόλαιο

contrat

φόρος

taxe

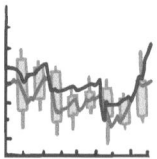

μετοχή

action

δουλεύω

travailler

υπάλληλος

employé

εργοδότης

employeur

εργοστάσιο

usine

κατάστημα

magasin

επαγγέλματα
professions

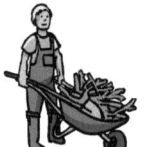

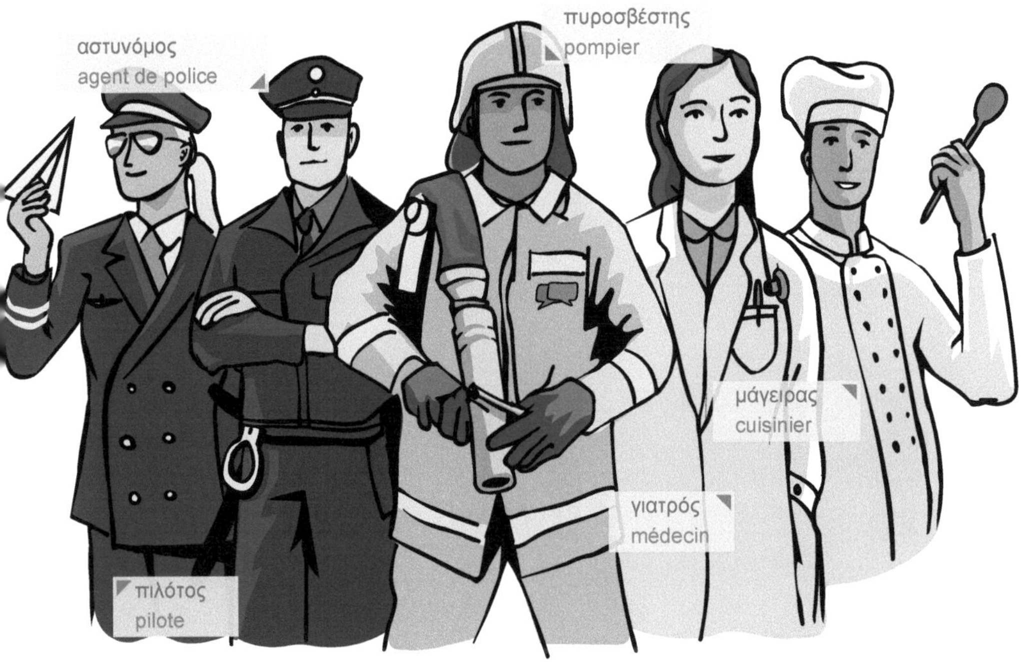
αστυνόμος
agent de police
πυροσβέστης
pompier
μάγειρας
cuisinier
γιατρός
médecin
πιλότος
pilote

κηπουρός

jardinier

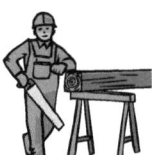

ξυλουργός

menuisier

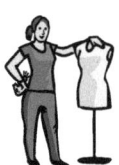

μοδίστρα

couturière

δικαστής

juge

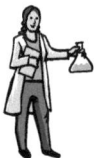

χημικός

chimiste

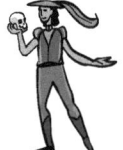

ηθοποιός

acteur

οδηγός λεωφορείου

conducteur de bus

ταξιτζής

chauffeur de taxi

ψαράς

pêcheur

καθαρίστρια

femme de ménage

τεχνίτης στεγών

couvreur

σερβιτόρος

serveur

κυνηγός

chasseur

ζωγράφος

peintre

αρτοποιός

boulanger

ηλεκτρολόγος

électricien

οικοδόμος

ouvrier

μηχανολόγος

ingénieur

κρεοπώλης

boucher

υδραυλικός

plombier

ταχυδρόμος

facteur

στρατιώτης

soldat

αρχιτέκτονας

architecte

ταμίας

caissier

ανθοπώλης

fleuriste

κομμωτής

coiffeur

ελεγκτής εισιτηρίων

contrôleur

μηχανικός

mécanicien

καπετάνιος

capitaine

οδοντίατρος

dentiste

επιστήμονας

scientifique

ραβίνος

rabbin

ιμάμης

imam

μοναχός

moine

ιερέας

prêtre

εργαλεία

outils

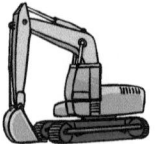

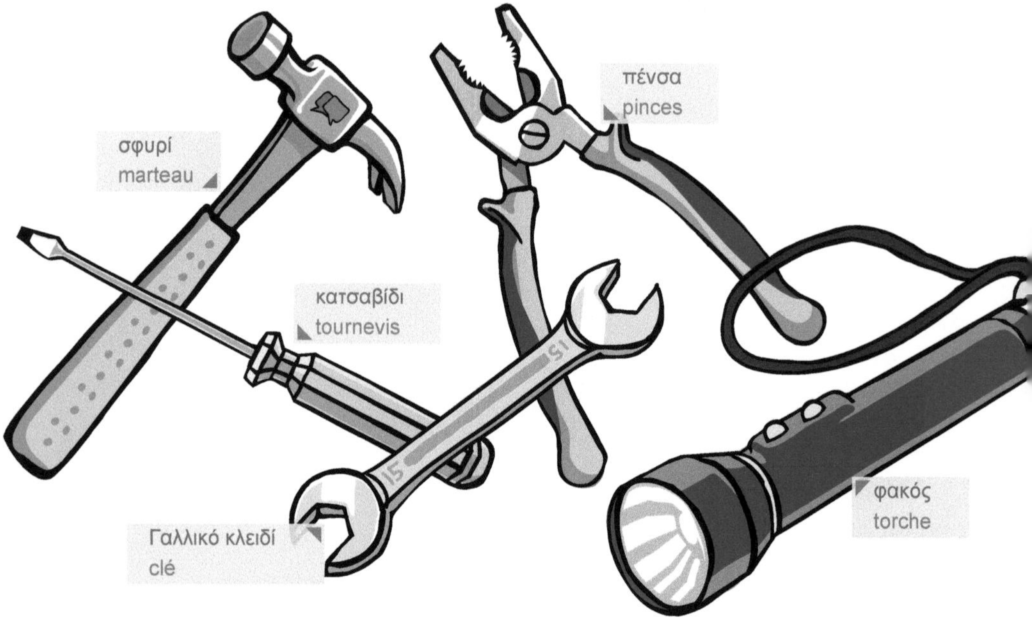

σφυρί
marteau
πένσα
pinces
κατσαβίδι
tournevis
Γαλλικό κλειδί
clé
φακός
torche

εκσκαφέας

pelleteuse

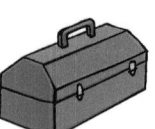

εργαλειοθήκη

boîte à outils

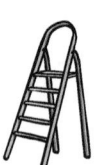

σκάλα

échelle

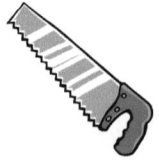

πριόνι

scie

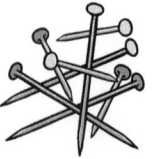

καρφιά

clous

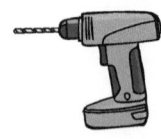

τρυπάνι

perceuse

επισκευάζω

réparer

φτυάρι

pelle

Να πάρει!

Mince!

φαράσι

pelle

δοχείο χρωμάτων

pot de peinture

βίδες

vis

μουσικά όργανα
instruments de musique

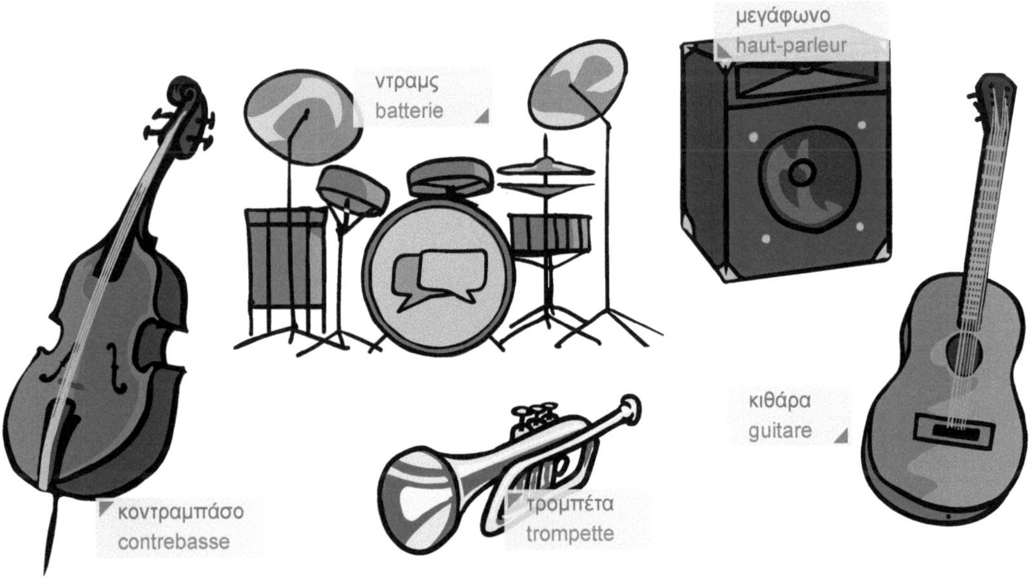

μεγάφωνο
haut-parleur

ντραμς
batterie

κιθάρα
guitare

κοντραμπάσο
contrebasse

τρομπέτα
trompette

πιάνο

piano

βιολί

violon

μπάσο

basse

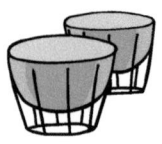

τύμπανα

timbales

τύμπανο

tambour

πλήκτρα

piano électrique

σαξόφωνο

saxophone

φλάουτο

flûte

μικρόφωνο

microphone

ζωολογικός κήπος

zoo

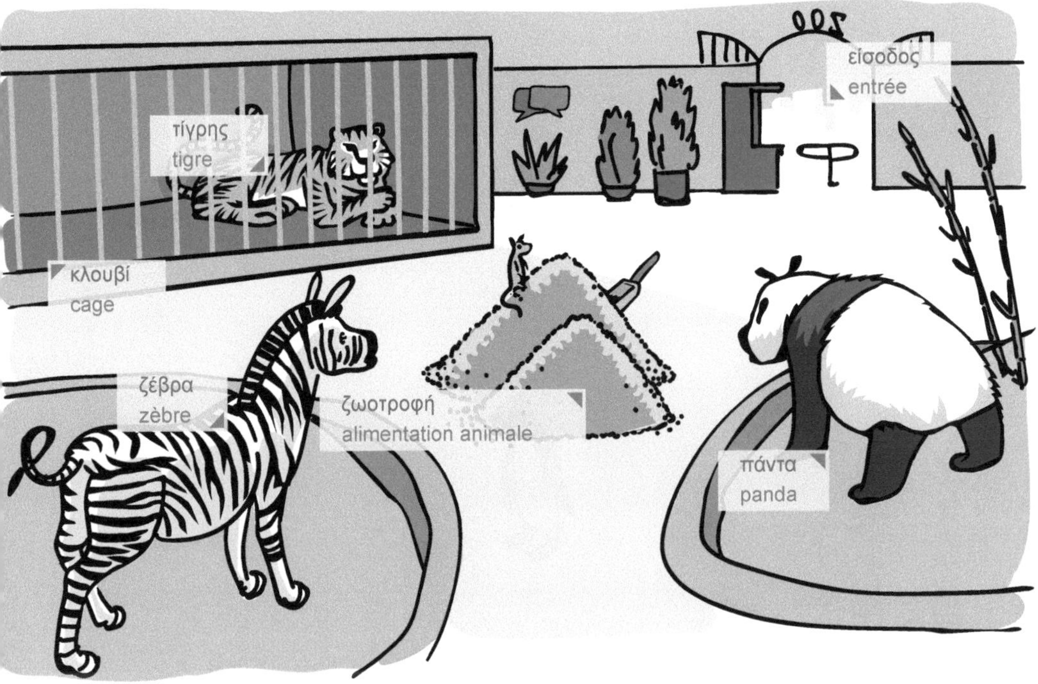
zoo
τίγρης
tigre
είσοδος
entrée
κλουβί
cage
ζέβρα
zèbre
ζωοτροφή
alimentation animale
πάντα
panda

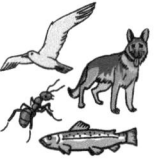

ζώα

animaux

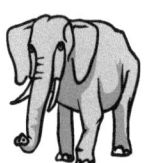

ελέφαντας

éléphant

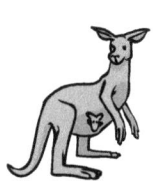

καγκουρό

kangourou

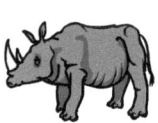

ρινόκερος

rhinocéros

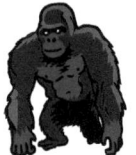

γορίλας

gorille

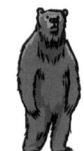

αρκούδα

ours

καμήλα

chameau

στρουθοκάμηλος

autruche

λιοντάρι

lion

πίθηκος

singe

φλαμίνγκο

flamand rose

παπαγάλος

perroquet

πολική αρκούδα

ours polaire

πιγκουίνος

pingouin

καρχαρίας

requin

παγώνι

paon

φίδι

serpent

κροκόδειλος

crocodile

φύλακας ζωολογικού κήπου

gardien de zoo

φώκια

phoque

τζάγκουαρ

jaguar

πόνυ

poney

λεοπάρδαλη

léopard

ιπποπόταμος

hippopotame

καμηλοπάρδαλη

girafe

αετός

aigle

αγριογούρουνο

sanglier

ψάρι

poisson

χελώνα

tortue

θαλάσσιος ίππος

morse

αλεπού

renard

γαζέλα

gazelle

Αμερικάνικο ποδόσφαιρο
american Football

ποδηλασία
cyclisme

αντισφαίριση
tennis

μπάσκετ
basket-ball

κολύμβηση
natation

πυγχαμία
boxe

χόκεϋ επί πάγου
hockey sur glace

ποδόσφαιρο
football

μπάντμιντον
badminton

στίβος
athlétisme

χάντμπολ
handball

σκι
ski

πόλο
polo

δραστηριότητες
activités

γελάω
rire
πηδάω
sauter
αγκαλιάζω
embrasser
περπατάω
marcher
τραγουδάω
chanter
ονειρεύομαι
rêver
προσεύχομαι
prier
φιλάω
faire la bise

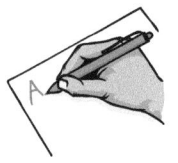

γράφω
écrire

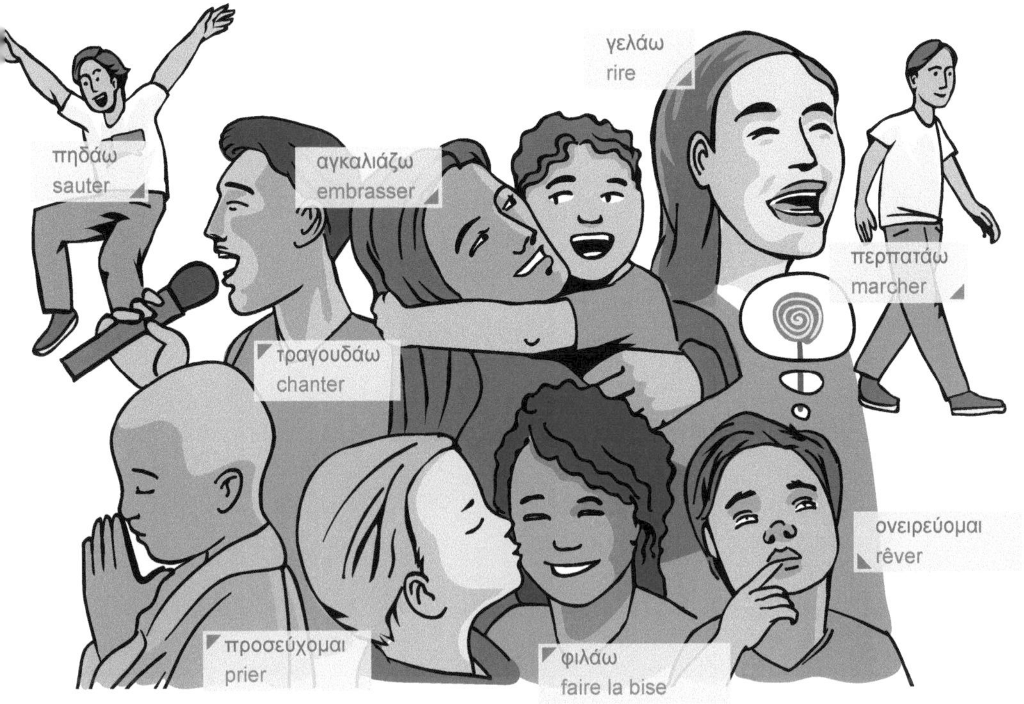

σχεδιάζω
dessiner

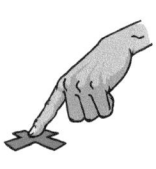

δείχνω
montrer

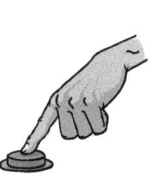

πιέζω
pousser

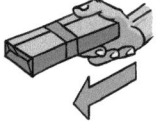

δίνω
donner

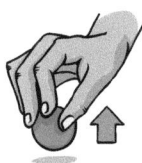

παίρνω
prendre

έχω

avoir

κάνω

faire

είμαι

être

στέκομαι

être debout

τρέχω

courir

τραβάω

trier

ρίχνω

jeter

πέφτω

tomber

ξαπλώνω

être couché

περιμένω

attendre

κουβαλώ

porter

κάθομαι

être assis

φοράω

s'habiller

κοιμάμαι

dormir

ξυπνάω

se réveiller

κοιτάω

regarder

κλαίω

pleurer

χαϊδεύω

caresser

χτενίζω

peigner

μιλάω

parler

καταλαβαίνω

comprendre

ρωτάω

demander

ακούω

écouter

πίνω

boire

τρώω

manger

συγυρίζω

ranger

αγαπάω

aimer

μαγειρεύω

cuire

οδηγώ

conduire

πετάω

voler

δραστηριότητες - activités
65

κάνω ιστιοπλοΐα

faire de la voile

υπολογίζω

calculer

διαβάζω

lire

μαθαίνω

apprendre

δουλεύω

travailler

παντρεύομαι

se marier

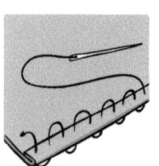

ράβω

coudre

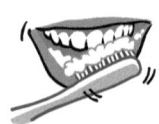

βουρτσίζω τα δόντια

se brosser les dents

σκοτώνω

tuer

καπνίζω

fumer

στέλνω

envoyer

οικογένεια
famille

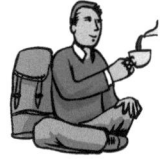

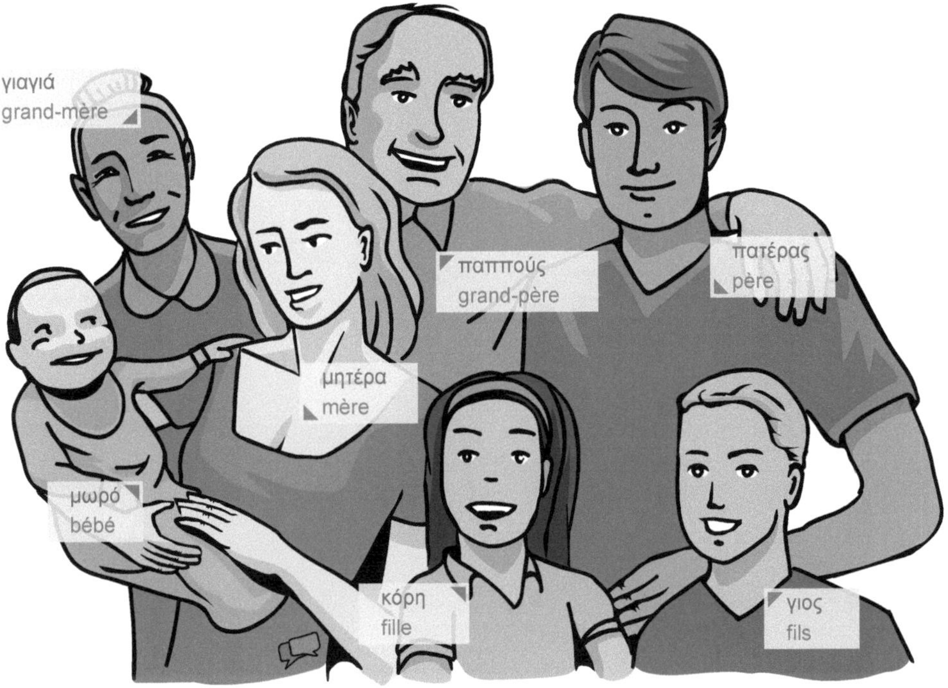
γιαγιά
grand-mère
παππούς
grand-père
πατέρας
père
μητέρα
mère
μωρό
bébé
κόρη
fille
γιος
fils

καλεσμένος

hôte

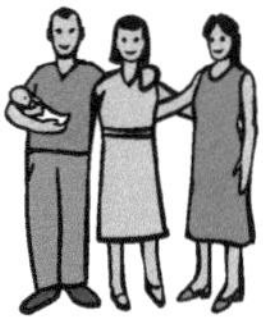

θεία

tante

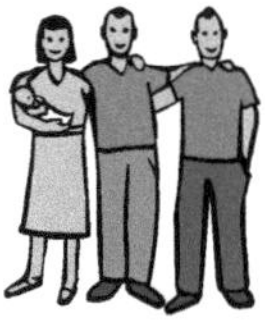

θείος

oncle

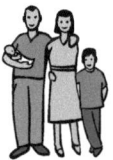

αδελφός

frère

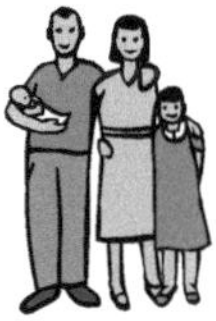

αδελφή

sœur

σώμα

corps

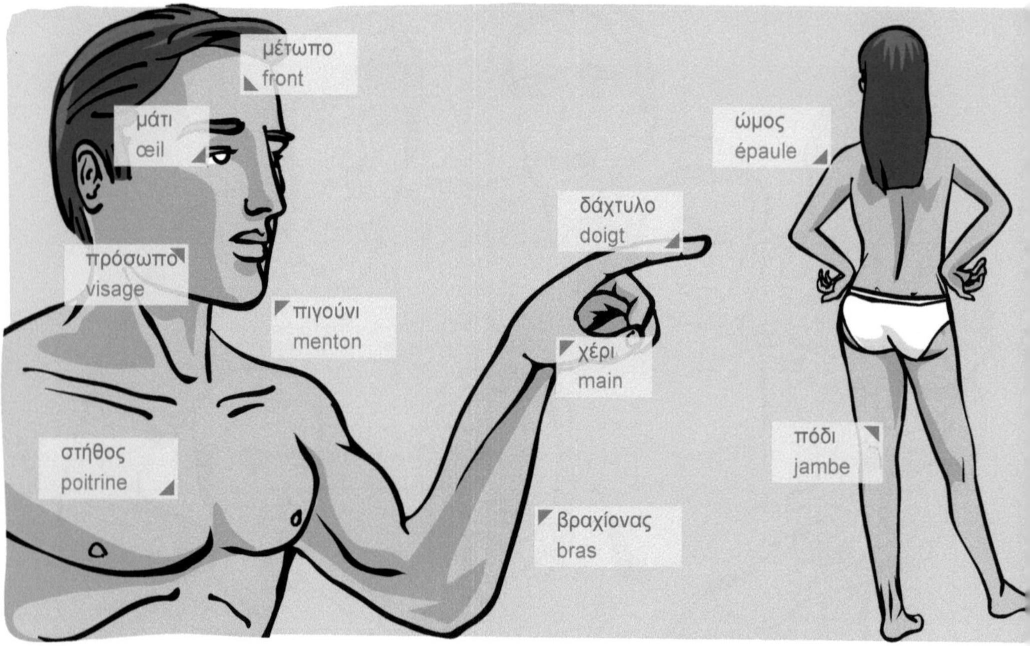

μέτωπο
front

μάτι
œil

ώμος
épaule

δάχτυλο
doigt

πρόσωπο
visage

πιγούνι
menton

χέρι
main

στήθος
poitrine

πόδι
jambe

βραχίονας
bras

μωρό

bébé

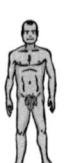

άνδρας

homme

γυναίκα

femme

κορίτσι

fille

αγόρι

garçon

κεφάλι

tête

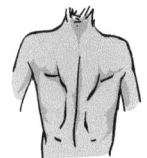

πλάτη

dos

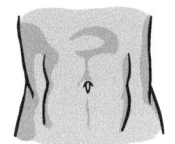

κοιλιά

ventre

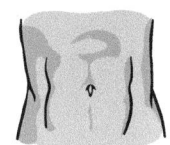

αφαλός

nombril

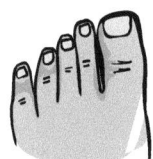

δάχτυλο ποδιού

orteil

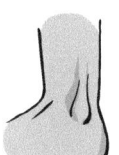

φτέρνα

talon

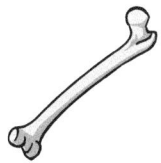

κόκκαλο

os

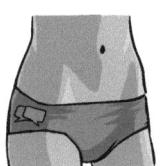

γοφός

hanche

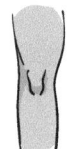

γόνατο

genou

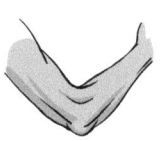

αγκώνας

coude

μύτη

nez

γλουτός

fesses

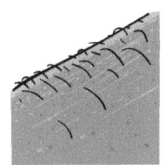

δέρμα

peau

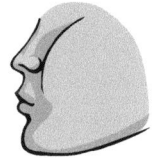

μάγουλο

joue

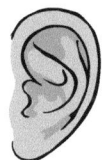

αυτί

oreille

χείλος

lèvre

στόμα

bouche

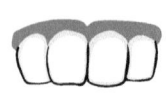

δόντι

dent

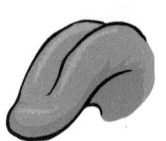

γλώσσα

langue

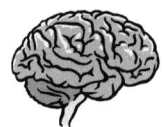

εγκέφαλος

cerveau

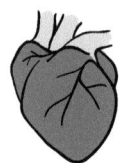
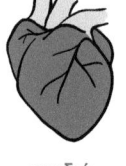

καρδιά

cœur

μυς

muscle

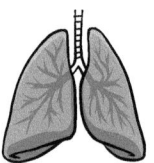

πνεύμονας

poumons

συκώτι

foie

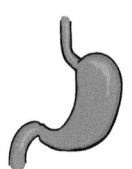

στομάχι

estomac

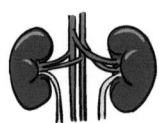

νεφρά

reins

σεξουαλική επαφή

rapport sexuel

προφυλακτικό

préservatif

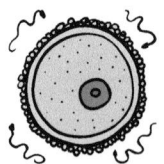

ωάριο

ovule

σπέρμα

sperme

εγκυμοσύνη

grossesse

σώμα - corps

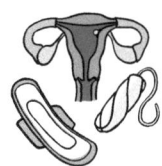

περίοδος

menstruation

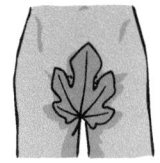

γυναικείος κόλπος

vagin

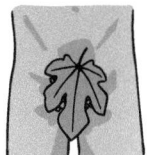

πέος

pénis

φρύδι

sourcil

μαλλιά

cheveux

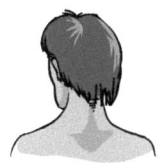

λαιμός

cou

νοσοκομείο
hôpital

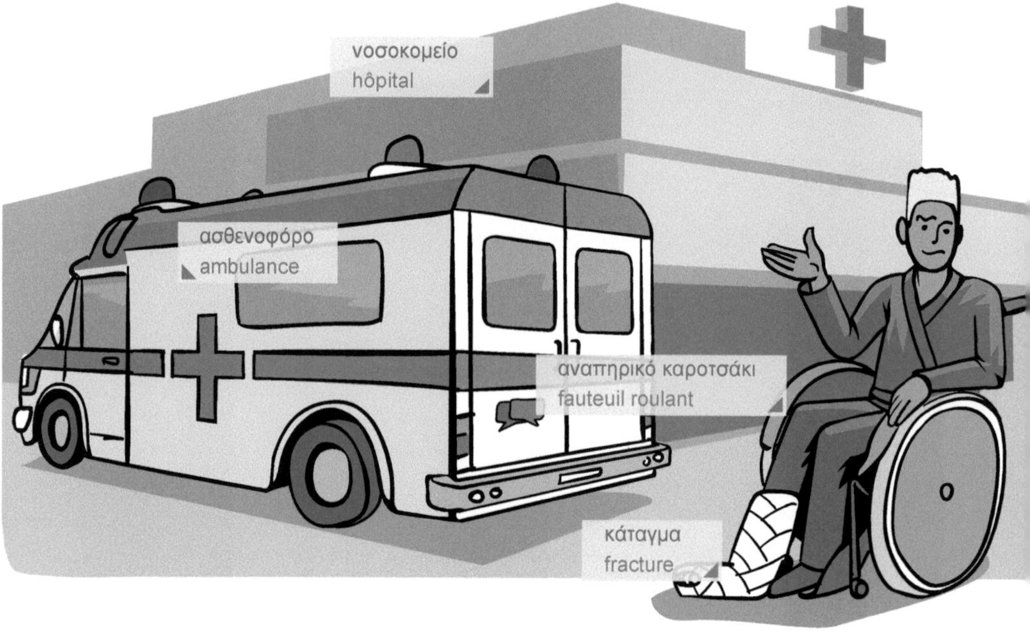

νοσοκομείο
hôpital
ασθενοφόρο
ambulance
αναπηρικό καροτσάκι
fauteuil roulant
κάταγμα
fracture

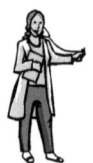

γιατρός
médecin

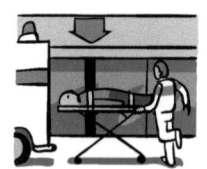

μονάδα εντατικής θεραπείας
service des urgences

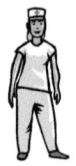

νοσοκόμα
infirmière

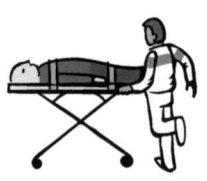

έκτακτη ανάγκη
urgence

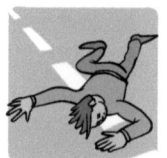

λιπόθυμος
inconscient

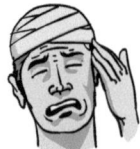

πόνος
douleur

τραύμα

blessure

αιμορραγία

hémorragie

έμφραγμα

crise cardiaque

εγκεφαλικό

attaque cérébrale

αλλεργία

allergie

βήχας

toux

πυρετός

fièvre

γρίπη

grippe

διάρροια

diarrhée

πονοκέφαλος

mal de tête

καρκίνος

cancer

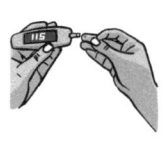

διαβήτης

diabète

χειρουργός

chirurgien

νυστέρι

scalpel

εγχείρηση

opération

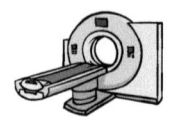

αξονική τομογραφία

CT

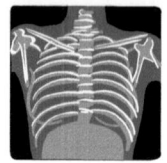

ακτινογραφία

radiographie

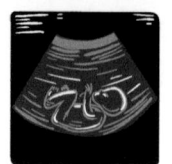

υπέρηχος

échographie

μάσκα

masque

ασθένεια

maladie

αίθουσα αναμονής

salle d'attente

πατερίτσα

béquille

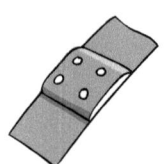

χάνσαπλαστ

pansement

επίδεσμος

pansement

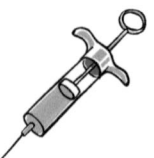

ένεση

injection

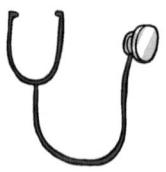

στηθοσκόπιο

stéthoscope

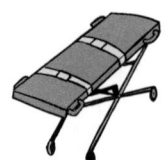

φορείο

brancard

θερμόμετρο

thermomètre

γέννηση

accouchement

υπέρβαρο

surpoids

ακουστικό βαρηκοΐας

appareil auditif

αντισηπτικό

désinfectant

λοίμωξη

infection

ιός

virus

HIV/AIDS

VIH / sida

φάρμακο

médicament

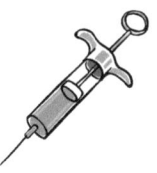

εμβολιασμός

vaccination

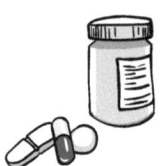

δισκία

tablettes

χάπι

pilule

κλήση έκτακτης ανάγκης

appel d'urgence

πιεσόμετρο αίματος

tensiomètre

άρρωστος / υγιής

malade / sain

Βοήθεια!

Au secours!

συναγερμός

alarme

βιαιοπραγία

agression

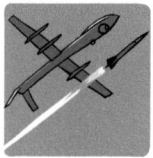

επίθεση

attaque

κίνδυνος

danger

έξοδος κινδύνου

sortie de secours

Φωτιά!

Au feu!

πυροσβεστήρας

extincteur

ατύχημα

accident

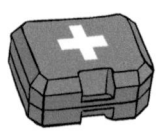

κουτί πρώτων βοηθειών

trousse de premier secours

SOS

SOS

αστυνομία

police

Ευρώπη

Europe

Βόρεια Αμερική

Amérique du Nord

Νότια Αμερική

Amérique du Sud

Αφρική

Afrique

Ασία

Asie

Αυστραλία

Australie

Ατλαντικός Ωκεανός

Océan atlantique

Ειρηνικός Ωκεανός

Océan pacifique

Ινδικός Ωκεανός

Océan indien

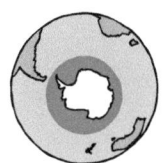

Ανταρκτικός Ωκεανός

Océan antarctique

Αρκτικός Ωκεανός

Océan arctique

Βόρειος Πόλος

Pônord

Νότιος Πόλος

Pôsud

Ανταρκτική

Antarctique

Γη

terre

γη

pays

θάλασσα

mer

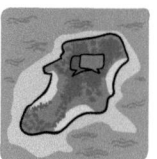

νησί

île

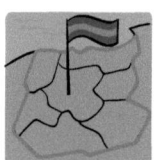

έθνος

nation

πολιτεία

état

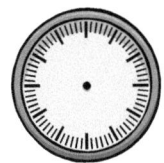

καντράν ρολογιού

cadran

ωροδείκτης

aiguille des heures

λεπτοδείκτης

aiguille des minutes

δείκτης δευτερολέπτων

aiguille des secondes

Τι ώρα είναι;

Quelle heure est-il?

ημέρα

jour

χρόνος

temps

τώρα

maintenant

ψηφιακό ρολόι

montre digitale

λεπτό

minute

ώρα

heure

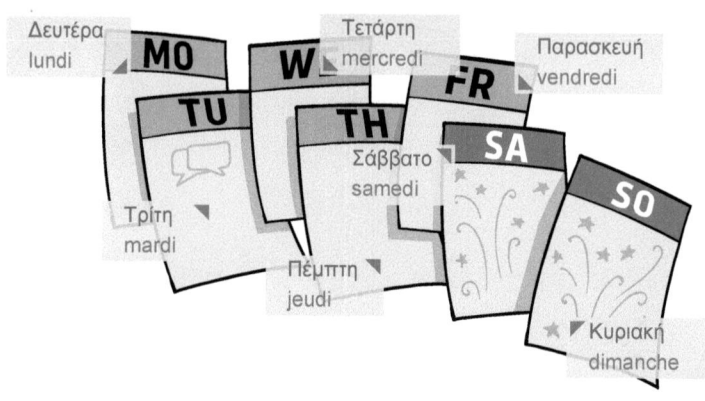

Δευτέρα
lundi

Τετάρτη
mercredi

Παρασκευή
vendredi

Τρίτη
mardi

Σάββατο
samedi

Πέμπτη
jeudi

Κυριακή
dimanche

χθες

hier

σήμερα

aujourd'hui

αύριο

demain

πρωί

matin

μεσημέρι

midi

βράδυ

soir

MO	TU	WE	TH	FR	SA	SU
1	2	3	4	5	6	7
8	9	10	11	12	13	14
15	16	17	18	19	20	21
23	24	25	26	27	28	
29	30	31	1	2	3	4

εργάσιμες ημέρες

jours ouvrables

MO	TU	WE	TH	FR	SA	SU
1	2	3	4	5	6	7
8	9	10	11	12	13	14
15	16	17	18	19	20	21
22	23	24	25	26	27	28
29	30	31	1	2	3	4

Σαββατοκύριακο

week-end

έτος
année

βροχή
pluie
ουράνιο τόξο
arc-en-ciel
άνεμος
vent
χιόνι
neige
άνοιξη
printemps
καλοκαίρι
été
φθινόπωρο
automne
χειμώνας
hiver

4.APRIL 11°
5.APRIL 4°
6.APRIL 13°
7.APRIL 8°
8.APRIL 10°

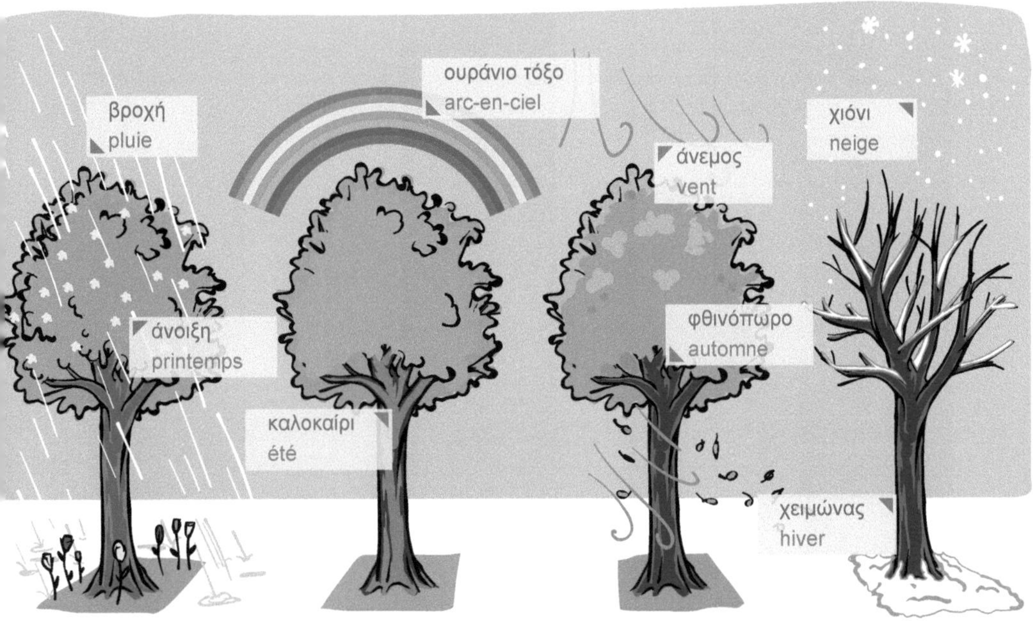

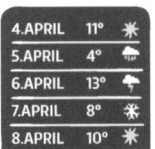

πρόγνωση καιρού

météo

F
C
120
90
60
30
0
-30
40
30
20
10
0
-10
-20

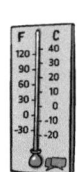

θερμόμετρο

thermomètre

λιακάδα

lumière du soleil

σύννεφο

nuage

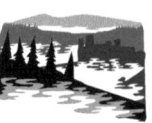

ομίχλη

brouillard

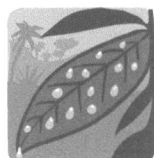

υγρασία

humidité

αστραπή

foudre

κεραυνός

tonnerre

καταιγίδα

tempête

χαλάζι

grêle

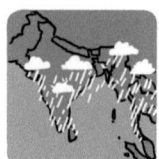

μουσώνας

mousson

πλημμύρα

inondation

πάγος

glace

Ιανουάριος

janvier

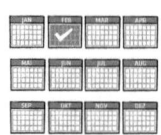

Φεβρουάριος

février

Μάρτιος

mars

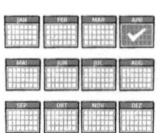

Απρίλιος

avril

Μάιος

mai

Ιούνιος

juin

Ιούλιος

juillet

Αύγουστος

août

έτος - année

Σεπτέμβριος

septembre

Οκτώβριος

octobre

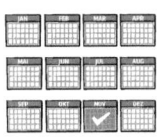

Νοέμβριος

novembre

Δεκέμβριος

décembre

σχήματα

formes

κύκλος

cercle

τετράγωνο

carré

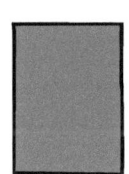

ορθογώνιο
παραλληλόγραμμο
rectangle

τρίγωνο

triangle

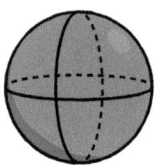

σφαίρα

sphère

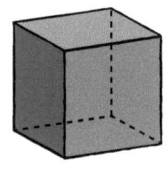

κύβος

cube

άσπρο

blanc

κίτρινο

jaune

πορτοκαλί

orange

ροζ

rose

κόκκινο

rouge

μωβ

violet

μπλε

bleu

πράσινο

vert

καφέ

marron

γκρι

gris

μαύρο

noir

πολύ / λίγο

beaucoup / peu

θυμωμένος / ήρεμος

fâché / calme

όμορφος / άσχημος

joli / laid

αρχή / τέλος

début / fin

μεγάλος / μικρός

grand / petit

φωτεινός / σκοτεινός

clair / obscure

αδελφός / αδελφή

frère / sœur

καθαρός / λερωμένος

propre / sale

πλήρης / ατελής

complet / incomplet

ημέρα / νύχτα

jour / nuit

νεκρός / ζωντανός

mort / vivant

φαρδύς / στενός

large / étroit

βρώσιμος / μη βρώσιμος

comestible / incomestible

κακός / ευγενικός

méchant / gentil

ενθουσιασμένος /
βαριεστημένος

excité / ennuyé

παχύς / λεπτός

gros / mince

πρώτος / τελευταίος

premier / dernier

φίλος / εχθρός

ami / ennemi

γεμάτος / άδειος

plein / vide

σκληρός / μαλακός

dur / souple

βαρύς / ελαφρύς

lourd / léger

πείνα / δίψα

faim / soif

άρρωστος / υγιής

malade / sain

παράνομος / νόμιμος

illégal / légal

έξυπνος / χαζός

intelligent / stupide

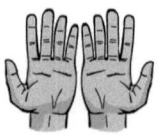

αριστερός / δεξιός

gauche / droite

κοντινός / μακρινός

proche / loin

αντίθετα - oppositions

καινούριος /
μεταχειρισμένος

nouveau / usé

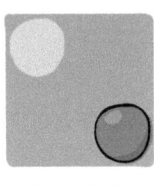

τίποτα / κάτι

rien / quelque chose

γέρος | νέος

vieux / jeune

αναμμένος / σβηστός

marche / arrêt

ανοιχτός / κλειστός

ouvert / fermé

χαμηλόφωνος /
μεγαλόφωνος
faible / fort

πλούσιος / φτωχός

riche / pauvre

σωστός / λανθασμένος

correct / incorrect

τραχύς / λείος

rugueux / lisse

λυπημένος / χαρούμενος

triste / heureux

κοντός / μακρύς

court / long

αργός / γρήγορος

lent / rapide

υγρός / στεγνός

mouillé / sec

ζεστός / δροσερός

chaud / froid

πόλεμος / ειρήνη

guerre / paix

0	**1**	**2**
μηδέν	ένα	δύο
zéro	un	deux

3	**4**	**5**
τρία	τέσσερα	πέντε
trois	quatre	cinq

6	**7**	**8**
έξι	εφτά	οκτώ
six	sept	huit

9	**10**	**11**
εννιά	δέκα	έντεκα
neuf	dix	onze

12
δώδεκα
douze

13
δεκατρία
treize

14
δεκατέσσερα
quatorze

15
δεκαπέντε
quinze

16
δεκαέξι
seize

17
δεκαεφτά
dix-sept

18
δεκαοκτώ
dix-huit

19
δεκαεννέα
dix-neuf

20
είκοσι
vingt

100
εκατό
cent

1.000
χίλια
mille

1.000.000
εκατομμύριο
million

Αγγλικά

anglais

Αμερικάνικα Αγγλικά

anglais américain

Μανδαρίνικα Κινέζικα

chinois mandarin

Χίντι

hindi

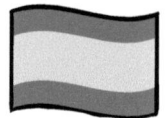

Ισπανικά

espagnol

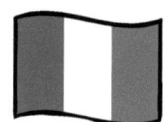

Γαλλικά

français

Αραβικά

arabe

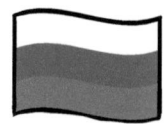

Ρώσικα

russe

Πορτογαλικά

portugais

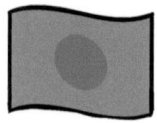

Μπενγκάλι

bengali

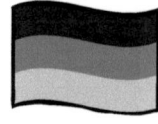

Γερμανικά

allemand

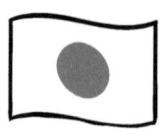

Ιαπωνικά

japonais

εγώ

je

εσύ

tu

αυτός / αυτή / αυτό

il / elle

εμείς

nous

εσείς

vous

αυτοί / αυτές / αυτά

ils / elles

ποιος / ποια / ποιο;

qui?

τι;

quoi?

πώς;

comment?

πού;

où?

πότε;

quand?

όνομα

nom

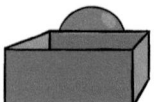

πίσω

derrière

μέσα

dans

μπροστά

devant

πάνω από

au-dessus

πάνω

sur

κάτω

en-dessous

δίπλα

à côté de

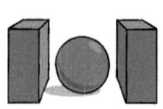

ανάμεσα

entre

μέρος

lieu